Ⓢ新潮新書

渡邉恒雄
WATANABE Tsuneo

反ポピュリズム論

480

新潮社

反ポピュリズム論　目次

第五章　大衆迎合を煽るメディア　131

第六章　日本をギリシャ化させないために　159

はじめに

「大阪に幽霊が出る――橋下徹という幽霊である。古い日本のすべての政党は、この幽霊を退治しようとして神聖な同盟を結んでいる」

　これはマルクス、エンゲルスの「共産党宣言」の冒頭の言葉を、「ヨーロッパ」を「大阪」「日本」に、「共産主義」を「橋下徹」に入れ替えたパロディーである。別にふざけた意図はなく、今日の日本の政局でのいわゆる「橋下現象」は、まさに既成政党をあわてふためかせ、なかには反発したり、またはせっせと接近し、人気に便乗しようと焦っている政治家集団もある。そのいささかみっともない様子を、もしマルクス、エンゲルスが今日の日本にいたらこのように書き、「維新党宣言」を書いたのではないかと空想したのである。

「橋下現象」もしくは「橋下劇場」といわれる戦後でもきわめて稀な、一人のキャラクター、かつてはジーパン、茶髪でテレビのワイドショーの人気者だった人物が、毎日どこかのマスコミに政治上のリーダーとして必ず登場するこの現象は、六十年の政治記者生活を経てきた私にとっても、ほとんどなかった経験なのである。

たった一人の若い男が何故こんなにも政局の焦点となったのか。理由は二つある。

第一は、既成政党が「何も決められないでいる」と大衆が思いこむほどにその政治活動が低迷していることへの反動。

第二は、この人物が現代のテレビと電子メディアを操って大衆の注目、関心、そして人気を集める天才的能力とキャラクターを持っていること。

現在の政党政治を見ると、五五年体制で出来た保守・革新の二極対立がとっくに溶解し、統一したイデオロギー、思想、理念では律し得なくなり、非知性的スローガンや大衆受けする言葉、無責任な、場合によっては品のないデマゴギーなどで、政治集団のイメージ作りをしている。

国や地域、もしくは国民といった全体の利益になろうとなるまいと関係なく、場合によっては全体的利益を害する政策でも、選挙での自己の票になることだけを目的にして一般大衆に公言する政治家や政治集団が増殖し始め、それらは電波媒体、電子媒体を悪用することで益々広がりつつある。

そのことが、日本を「第二のギリシャ化」の恐れありとする警告を呼び、「パンとサーカス」で滅亡したローマ帝国の末期に似ているとの指摘を招いている。

もちろん、現役の政治家の全部が堕落しているのではない。憂国の国士、政策家も少なくはない。

だが、テレポリティクス、ネット政治の時代が、必ずしも大衆を啓発するのではなく、大衆迎合政策を増大させる傾向は、戦後の電波メディアが政治番組をエンターテインメント化するのと並行して加速してしまった。

さて、橋下徹氏の維新八策の中にも、プライマリーバランス（基礎的財政収支）の目標設定、憲法改正要件の緩和、ＴＰＰ（環太平洋経済連携協定）の推進、公務員労組の堕落に対する警鐘など、公益に資するものもあるが、大衆迎合的な政策も少なくない。

本書は橋下現象の解説や批判を目的として書いたものではない。

世界の先進国の政党政治にとって何が有害であり、大衆迎合政治がどのような弊害をもたらすものかについて、過去半世紀ほどのプロセスを長期的視野でマクロ的に論じるのが狙いである。

筆者も今年八十六歳である。約二十冊の著訳書を出版したが、この書が最後になろう。老境の中で筆をとった動機は、戦時中の新聞が、大正デモクラシーという自由思想の爛熟期を経ながら、政友・民政両党の不毛な対立抗争を放置し、五・一五事件、二・二六事件という軍部の叛乱の要因を作るのを看過したからだ。そして新聞は、近衛文麿ブームを起こし、大政翼賛会を礼賛し、あの無謀で狂気の大戦に突入、何百万という人間が殺されるのを阻止するどころか、教唆煽動の罪を犯した。

そのような新聞の愚を再現しないために、政治の大衆迎合（ポピュリズム）化する過程でマスコミが利用されて来た経過を分析、評価し、その使命を再確認しておきたかったのである。

二〇一二年六月

渡邉恒雄

第一章　政治家の衰弱は誰のせいか

日本を蝕む大衆迎合政治

日本の政局はこれからどうなるか。そう聞かれて明確な展望を語れる人は、政治家にも政治学者にも、おそらく一人もいないに違いない。

「政界は一寸先は闇」という言葉がある。池田・佐藤両政権で自民党副総裁を務めた川島正次郎さんが言ったとされるが、のちに川島さんに聞いたところ、「一寸先も読めないような奴は政治家ではない。少なくとも六か月先まで読めなければ政治家ではない。一方、六か月より先のことまで予言できるというのは、これまたインチキだし、ありえない。これが自分の真意だ」と説明してくれた。

その「六か月以内」の政局がまったく読めないのだ。私も政治記者を六十年やってきたけれども、これほど先が見えない時代ははじめてである。

しかし、日本の政治が混沌としているからといって、黙って傍観していればいいというわけにはいかない。政治以外に目を向ければ、二十年不況と言っても過言ではない長引く景気低迷、産業の空洞化の進行、日本の強みとされた中間大衆層の喪失、九百四十兆円にも膨れ上がった借金財政というように、さまざまな危機が眼前に迫っているからだ。国民の多くも、日本の針路が見えない、これからどのような方向に向かうのかわからないという状況から、一刻も早く脱してもらいたいと願っているはずだ。


政治が何故、これほどまでに混沌としてしまったのか。その答えはポピュリズム、大衆迎合政治の蔓延にあると考える。

私は月刊「文藝春秋」の二〇一二年四月号に「日本を蝕む大衆迎合政治」と題する論文を発表した。そのなかで私は「日本の危機の正体は、さしあたっては、経済危機という〝顔〟で登場しているが、その実相は、日本の統治体制の弱体化、つまりは政治家に人材が払底していることに他ならない」と記した。

私が見る限り、日本の国会議員は小選挙区制度によって相当程度堕落してしまった。そもそも、現行の小選挙区には、例えば東京都の大田区や世田谷区のように、区議選の選挙区よりも小さいところがある。国会議員の選挙区が区議よりも小さいなんて馬鹿な話はない。

しかも、小さな選挙区で過半数を獲得するために、大衆受けしそうなことだけを言っておけばいいという風潮が政治家の間に広がってしまった。これは元財務相の与謝野馨さんが言っていたことだが、かつての中選挙区制では、過半数の支持が得られなくとも、有権者の十五％の支持があれば当選できた。だから過半数には達しなくても、十五％の人に届く「本当のこと」を言えたが、今はそうはいかないという。

中選挙区制だったころは、同じ政党の中でも議席を争って切磋琢磨していたから、どの議員もよく勉強していた。

私が読売新聞政治部に配属されてすぐのことだ。まだ総理になる前で病気療養中の鳩山一郎氏の書斎を訪ねると、辞書もなしに洋書を読んでいたものだった。あるとき、鳩山さんが翻訳したという『自由と人生』と題した本を署名のうえ手渡された。著者はクーデンホフ・カレルギ。今でこそ、ＥＵ（欧州連合）の思想的な生みの親として知られるが、当時の私は「ヨーロッパ統合体なんてできるわけないじゃないか」と思ったものだ。今となっては、鳩山さんの署名入りの一冊は私の宝物となっている。

同じく政治部の現役記者時代、池田勇人首相の、名古屋で小売業者の多い集会での演説を聞いていたら、「みなさん、高度成長はインフレを招く、物価が上がるというけど、上がっているのは消費者物価だけで卸売物価は横ばいです。皆さんは小売物価と卸売物価の差をもうけているのですから小売物価が上がるのはいいことじゃないですか」と言う。つまり卸売物価が上がらなければ消費者物価の上がった分は、商売している人など大衆の懐にちゃんと入っている。当時の聴衆がこの理論をよく理解できたかは知らないが、これも、ポピュリズムに堕することなく、大衆に本当のことを伝えようとする政治家の姿勢の表れだったと思う。

翻って今の政界を見ると、傾聴すべきことを語る政治家が本当にいなくなってしまった。

「小泉劇場」政治の罪

どうしてこんなぶざまな政治になってしまったのか。その一つの大きな転機が、小泉純一郎首相の登場だったように思う。

小泉さんの政治スタイルは、いわゆるワンフレーズ・ポリティクス、「改革なくして成長なし」や「自民党をぶっ壊す」が典型的な例だが、国民大衆にわかりやすい印象的なフレーズを言うだけである。

発言する場は、首相官邸での「ぶら下がり取材」だ。基本的に一日二回、正午前と午後六時から七時半までの間に官邸四階のフロアで、記者団のマイクを前に立ちながら行われる。その一回一回の「会見」時間は、例外なく一分から長くても五分以内。これでは、体系的に政策の内容を国民に向かって説明することなど到底不可能である。

しかも、このワンフレーズは、テレビを通じて国民大衆に広く発信される。今から半世紀以上前の一九五七年、評論家の大宅壮一氏は、テレビ文化の活字文化に対する優越の時代を予言して、テレビによる「一億総白痴化」論を提起した。大宅氏は当時次のように書いた。

「視覚の刺激の度＝視る興味も、質を考えずに、度だけ追っていくと、人間のもっとも卑しい興味をつつく方向に傾いていく結果にもなる（中略）。視聴率の競争が、それに拍車をかける」（大宅壮一選集7「〝一億総白痴化〟命名始末記」筑摩書房）

大宅氏が「一億総白痴化」の警世的造語をする四年前の五三年、ようやく街頭テレビに群集が集まり、NHKが大相撲中継を開始し、一年後の五四年には、プロレスのテレビ中継が人気を得た。それだけに、大宅氏の先見性ある慧眼には敬服するほかない。

日本でカラーテレビの本格放送が始まったのは一九六〇年である。この年、米国では、ケネディがニクソンをまさにテレビ論争で打ち負かし、一般投票約十一万三千票という僅差で、大統領の座を勝ち取って、選挙政治上のテレビの威力を史上はじめて世界に知らしめ、政治学者たちの分析対象ともなった。それから約四十年後の二〇〇一年、ついに日本でも小泉さんの登場によって、テレビ利用が政治を決定づけるようになったのである。

小泉さんが郵政解散選挙（二〇〇五年九月）で大勝して得意の絶頂期にあった直後の二〇〇六年一月、TBSのニュースキャスターだった故筑紫哲也さんのインタビューを受けたことがある。筑紫さんはそのとき、小泉さんのテレビ利用とその危険性について、

「テレビは普通、編集して短い言葉にして伝えるのに、発信者である小泉さん自身が、それが得意なわけです。しかも、テレビの前に毎日出てくる総理大臣というのはかつていないですよ。だからテレビの側もやめられないです」と語り、テレビだけが政治発信の舞台となることを「大いなる危険」と表現していた。私もまったくその通りだと思う。

市場原理主義に抗して

「テレポリティクス」の問題は後で詳しく述べたいと思うが、小泉政治についてもう一つ指摘しておきたいのが、市場原理主義の弊害を招いて、日本経済に今も癒えない大きな傷を残したことである。

その実態を私が当時見知った事実を踏まえて記す前に、小泉政権の採った経済政策を簡単におさらいしておこう。

二〇〇一年四月に総理に就任した小泉さんは、郵政三事業と道路公団の民営化と新規国債発行を三十兆円以内に抑えることを「構造改革」と称して、政権として取り組む最重要政策課題に据えた。

この一環で、政府と市場の関係を中心とする日本の政治経済構造全般の「構造改革」にも踏み込むことになる。これをラディカルに実行すれば「非効率な企業を潰さなければ、全体の経済効率は向上せず、成長はない。このため倒産、失業が大量に出るが、これは《改革のための痛み》で、我慢するほかない」ということになる。

もちろん総理大臣がこれをストレートに言ってしまうと、支持率が下がる。そこで小泉政権は、産業再生機構の設立や、企業への転職奨励金や中小零細企業への貸し出し保証といった「セーフティーネット」を構築する作業も同時に進めた。

しかし、企業整理（出血）とセーフティーネット（輸血）の効果との間には大きなタイムラグがあり、輸血量の何倍もの出血が避けられず、その結果、不況がいっそう深刻化することは歴史の教えるところである。つまり、改革による現状破壊効果によって多くの企業の効率化が進んで、不況を循環的なものにして、産業全体を再生させることができるか、そうではなくて長期間回復不能な構造不況をいっそうひどいものにして、恐慌突入の引き金を引くに至るか、その選択が問題となるのである。

この「デフレ克服が先か、改革が先か」という、ニワトリかタマゴかの論争について、経済学者の竹森俊平慶大教授は二〇〇二年に出版し吉野作造賞を受賞した『経済論戦は甦る』（東洋経済新報社刊）で、シュンペーターの「創造的破壊」理論を改革優先派モデルとし、大恐慌時代にリフレーション政策を提言したフィッシャー理論をデフレ克服優先派のモデルとして対照させて解明した。竹森教授は同書の中で創造的破壊理論を批判し、フィッシャー理論を再評価しており、小泉政権が当時、竹森教授の指摘に真摯に耳を傾けていれば……と悔やまれる。

しかし、小泉政権、とりわけ経済政策の司令塔で、小泉さんの唯一無二のブレーンだった竹中平蔵経済財政相は、多分に楽観的な循環論の立場を採り、「改革が先」をはじめから選択した。

もっとも、実際の政権運営は「改革まっしぐら」ということではまったくなかった。例えば国債三十兆円枠は、小泉政権一年目に編成した二〇〇一年度二次補正予算で、本来国債の償還に充てるための財源である国債整理基金から二兆五千億円を引っ張り出して一般会計歳入に入れたことで、事実上、放棄された。そして二〇〇三年度当初予算で、三十六兆円の新規国債発行を盛り込んだ時点で破綻した。

さてそこで小泉政権による市場原理主義の弊害についてである。

私は当時、小泉さんの一番の腹心である竹中さんと定期的に会合を持ち、彼から政権のめざす経済政策について説明を受けていた。竹中さんは根っからの市場原理主義者であったが、同時に大変説明能力の高い人だった。この能力が小泉さんに気に入られ、表現は悪いが、小泉さんを「洗脳」したのだなと思ったものだ。

二〇〇二年秋、竹中さんによる定期レクチャーのときのことだ。バブル崩壊後の懸案だった金融システム改革に関連して、竹中さんが、不良債権を抱えた銀行を片っ端から潰すと言い出した。そして、「メガバンクは二つぐらいでいい」と発言したのである。

私は「二つでいいと言うけれど、それならどことどこを残すんですか」と尋ねた。竹中さんが挙げたのは、一つは東京三菱銀行（現三菱東京UFJ銀行）だった。「ここは健全だから潰すわけにいかない」という説明だった。そしてもう一つは三井住友銀行だという。当時の頭取は、のちに竹中さんの肝いりで日本郵政の初代社長を務めた西川善文氏で、米国屈指の金融グループであるゴールドマン・サックスに巨額増資を引き受けさせた人物である。

竹中さんは、「外国資本をどんどん導入して何が悪い。そうすることで日本の金融機関を健全なものにすればよいのであって、メガバンクは二つ程度あれば、残りは全部潰れても構わない」というきわめて極端な考えだった。それをまさに日本の金融界で実行に移そうというのである。

具体的にどうやって実施するかというと、金融機関の「繰り延べ税金資産」の中核的自己資本への繰り入れを見直すことが一番の柱だった。

これは、有税で積んだ貸倒引当金について有税処理した税額を、将来損失が確定すれば還付されるものとして自己資本に算入できるというもので、一九九九年三月期決算以来、日本で認められてきた税効果会計制度である。当時、五年間分の還付見込額を「未実現の資本」として自己資本に算入できるようになっていたが、竹中さんは、それを一年間分に制限するというのだ。これだと、大手銀行の自己資本はとたんに半分前後が吹き飛んでしまい、公的資金注入の強制―国有化、経営者の追放という状況に追い込まれる。確かに竹中さんの言うとおり、メガバンクは二つになったかもしれない。

しかし、そんなことをしたら、完全に金融パニックを惹き起こしていただろう。銀行は「貸し渋り」「貸し剝がし」を一挙に加速させ、大型倒産や大量失業が発生し、中小企業は死屍累々となり、そして当時まだ旺盛だった米国のハゲタカ資本の支配下に多くの日本企業が組み入れられることになったに違いない。

そのようなハゲタカ資本の侵略に道を開く竹中流メガバンク破壊戦略は、絶対に潰さないといけない。そう考えた私は、当時自民党の政調会長だった麻生太郎さん、参院幹事長だった青木幹雄さんと三人で会食する機会があったので、あえて竹中構想を二人に打ち明けた。すると麻生さんは「今晩これから竹中平蔵と会って、その五年を一年にする話を潰してきます」と宣言して席を立ち、数日の間に彼の言葉どおり竹中構想を撤回させてしまった。当時、麻生さんの実行力はたいしたものだと感心したし、私が彼と親しくなるきっかけともなった。

経済というものは、シュンペーターとフィッシャーの論争のような経済理論を踏まえて議論されるべきだし、「経済は生き物」と言われるように、現実社会の諸要素が複雑に作用するものだ。国民大衆に納得させるためには、かなり丁寧な説明が求められるにもかかわらず、「改革なくして成長なし」とか「改革を後退させるな」といったワンフレーズで実現しようとする。これほど危険な政治手法はない。

あの当時、小泉さんの支持率は本当に高かったし、自民党の派閥領袖クラスのベテラン政治家を「抵抗勢力」に見立てる党内運営の手法は、「小泉劇場」という言葉を生んだように、見世物としては確かにおもしろかっただろう。しかし、その小泉人気を最大限利用して、「改革」の美名の下に竹中さんがやろうとしたのは、ハゲタカ資本に日本企業を屈服させることだった。

そのような竹中流の市場原理主義の同調者が、どれだけ日本経済の「救世主」として当時もてはやされたことか。IT業界の寵児〝ホリエモン〟こと堀江貴文氏、「村上ファンド」の村上世彰氏、竹中さんの腹心で「大手問題企業三十社の不良債権を早期処理することが日本経済の再生につながる」と唱えた金融コンサルタントの木村剛氏……。いずれも、のちに刑事被告人となって失脚している。

しかし、彼らのような市場原理主義者の跋扈を許した後遺症は、今も日本の経済社会に重くのしかかっている。格差社会を招いたことだ。

経済学者の故村上泰亮氏がかつて「新中間大衆」論を唱えて一世を風靡したことがある。それは、古典的な資本家と労働者の社会階級も、伝統的な商工業者からなる中流階級もともに溶解し、今あるのは旧総理府の調査の質問に答えて自らを「中」と位置づける人たちが大多数を占める「新中間大衆」である――という考えである。この分厚い中間層の存在こそ日本の最大の強みとされてきたはずなのに、市場原理主義者たちが「改革」の名の下、中間層をずたずたにして貧富の格差を拡大させてしまった。

そもそも、先に記した繰り延べ税金資産をめぐる方針撤回をみても、青木さんや麻生さんのような、当時「抵抗勢力」のレッテルを張られた老練な政治家たちの陰ながらの努力によって、「小泉恐慌」を未然に防ぐことが出来たのである。その一事をみても、「改革勢力が善、抵抗勢力が悪」という幼稚な善悪二元論がいかに国民大衆を誤導しているかがわかる。

なぜ軌道修正できなかったか

私は、まだホリエモンや木村剛氏らが〝健在〟のころの二〇〇三年初め、月刊「文藝春秋」に「小泉総理に友情をもって直言す」（二〇〇三年三月号）と題する論文を発表し、竹中さんが主導する市場原理主義的な経済政策がいかに危険であるかを説き、小泉さんに経済政策の転換を強く促した。この論文は、私がのちに上梓した『わが人生記』（中公新書ラクレ　二〇〇五年）に転載してあるので、興味がある方はお読みいただきたいが、その中で私は、小泉＝竹中「改革」は実際のところ、先に記した繰り延べ税金資産をめぐる方針撤回のように、さまざまな軌道修正を行っているにもかかわらず、表面上は「改革まっしぐら」を標榜しているおかしさを指摘した。私の右の論文の書き出しはこうである。

「ある教義が大体において間違っていないならば、たとえその表現方式が、かならずしも現実に即さないようになっても、そのままにして置いた方がよい。もしわれわれが外面的な構成を変更して、もしその教義に対する疑惑をまき散らしてしまうと、大衆にその教義を盲目的に信じこませることができなくなってしまうからだ」

小泉純一郎首相は、意図してか否かは別として、この歴史的政治家の教訓を大切にしているように思われる。（『わが人生記』七十二ページ）

この冒頭の教訓は、実はあの凶暴なナチの独裁者、アドルフ・ヒトラーの『わが闘争』の一節である。もう少し『わが人生記』から引用する。

小泉首相は構造改革の〝教義の変更〟は、大衆の信を失う、つまり支持率の低下につながるとして、微妙な言い回しで論理の矛盾を隠し、なお両手を振りあげて「改革まっしぐら」と叫んでいる。しかし言葉と現実との溝は深まるのみだ。

この溝を埋めるためだったのか？　小泉首相は二〇〇三年一月十六日、自民党大会での挨拶で「改革を進めることで経済を再生できる」と言いながらも、「デフレを抑制しながら構造改革を進める」と述べた。この発言は、これまでの構造改革路線の軌道修正だったのか、「葉っぱの色が変わっただけで、幹は変わらない」とまだ言い張るのか。もし政策転換を認めるならば、大胆な内閣改造を断行せねばなるまい。

正直な道は、スローガンを逆転し、「景気回復なくして構造改革なし」と、青木幹雄氏が参議院の代表質問で忠告したように、君子豹変することだ。ヒトラーの時代と違って「大衆にその教義を盲目的に信じこませる」ことなど、不可能なことを知り、内閣のブレーンたる学者から「国民的な合意が形成されているとは言い難く、誤解と混乱がある」（吉川洋）と指摘され、今や意味不明となった「構造改革」の語の反復を停止したほうがよい。（『わが人生記』九十一〜九十二ページ）

私の「直言」もむなしく、小泉さんはついに君子豹変することはなかった。小泉政治の歴史的評価が定まるまでにはまだしばらくの時間がかかるかもしれないが、経済政策に関して言えば、実際は小泉＝竹中「改革」が挫折したおかげで金融パニックを回避できたという事実や、「改革」が格差社会という大きな負の遺産を生んだことなどを正しく認識すれば、決してプラスの評価がくだるとは思えない。

中曽根内閣の国鉄・電電公社の民営化は奏効したが、小泉内閣の郵政民営化はいまだに国民に何ら恩恵を与えるに至っていない。あの乱暴な改革と郵政解散選挙は何の意味があったのか。

そして政治スタイルについては、ワンフレーズ・ポリティクスという大衆操作のテクニックを積極的に駆使したわが国最初の本格的ポピュリズム政治家として後世に記憶されるに違いない。

大衆迎合を蔓延させた民主党

ポピュリズム政治に先鞭をつけたのが小泉純一郎首相だとすれば、さらにそれを推し進めて、正真正銘の大衆迎合政治を作り出してしまったのは、鳩山・菅政権下の民主党である。

例えば、民主党マニフェストにある「コンクリートから人へ」というスローガンだ。政権与党時代の自民党のように何百億円も使って不要不急の〝箱モノ〟を造るのはけしからん、というのはそのとおりであるが、「道路もいけない」「堤防もいけない」とまで言い出したら、災害が起きるたびに犠牲者を大量に出してしまう。これは国政の責任放棄以外の何物でもない。日本は地震や台風にしばしば見舞われる災害国家であり、それにきちんと備えるのは一種の安全保障なのだから、国の政策としてきちんと対応しなければいけない。そのように考えれば「コンクリート＝社会資本整備」がきわめて大事であることは自明の理ではないか。

それなのに一切の「コンクリート」を無駄と切り捨てて、「人」を大事にするんだ、と民主党は唱えた。しかも彼らの言う「人」というのは、子ども手当や農家の戸別所得補償のような人気取りのバラマキ政策というのだから、大衆迎合政治としか形容しようがない。

悪しき民主党のスローガンはほかにもある。「脱官僚」と「政治主導」である。官僚を叩いて国民大衆の喝采を浴びよう、という魂胆がありありで、まさにポピュリズムの典型だ。

吉田茂、岸信介、池田勇人、佐藤栄作、田中角栄……と歴代の総理大臣は誰もが霞ヶ関の官僚を大いに活用したものだが、それでも政治主導だった。官僚を使いこなす力があったからだ。

例えば田中角栄という政治家は、高等教育を受けていない人だったが、だからこそ官僚を大事にして知識を吸収した。道路特定財源を定めた道路三法も、私の前任の読売新聞社長である小林與三次さんが旧自治庁の財政局長、行政部長だったころ、小林さんが田中さんと頻繁に協議して田中さんのアイデアを採り入れながら法文化作業を行って出来た。

田中さんが自民党幹事長のころ、彼の事務所に行くと、当時の大蔵省の課長級まで載った電話番号の一覧表がテーブルのガラス板の下にある。それで大蔵省の課長たちに電話を直接かけて指示を出していた。事務次官や局長を飛び越して、課長クラスまで使いこなしているとは本当にすごいと感心したものだ。金権政治の象徴のようなロッキード事件に首を突っこまなければ、彼は歴史に残る大宰相になっていただろう。

民主党の政治家たちはどうか。まったく行政知識も行政経験もない人たちばかりで、大臣、副大臣、政務官の政務三役だけで何事も決める、それが脱官僚・政治主導だという。これだけでも被害甚大なのに、民主党政権の場合、鳩山由紀夫、菅直人という二人の総理大臣が、霞ヶ関の官僚たちを排撃する先頭に立ったのだから、どちらの政権もあっという間に行き詰まったのは当然であった。

鳩山・菅首相の大罪

鳩山、菅の両氏は、日本の社会にいまだに癒えない大きな傷跡を残した。

鳩山由紀夫氏が首相在任中にめちゃめちゃにしたのは沖縄問題だ。在日米軍普天間飛行場の移転をめぐって、外務、防衛両省の官僚たちが陰に陽に諫めたにもかかわらず、鳩山氏は「できれば国外、最低でも県外移転」「埋め立ては自然の冒瀆」などと、思いつきの発言を繰り返した。沖縄の人たちに無用な期待を高め、米国からは「信用できない総理大臣」の烙印を押され、日米同盟関係を危うくさせた。しかし彼は結局、自らの発言をまったく実現させることができないまま、自民党政権時代の二〇〇六年に作成した計画をほぼ踏襲した案で閣議決定せざるを得ず、政権を投げ出した。

次いで総理大臣に就任した菅直人氏が犯した最大の過ちは、二〇一一年三月十一日の東日本大震災に伴う東京電力福島第一原子力発電所事故への対応と、その後に彼が発した「脱原発」宣言であるが、これは後で詳しく述べたいと思うので、ここでは「脱官僚」「政治主導」をもっとも唱道したデマゴーグとして、菅氏を取り上げたい。

菅氏は二〇〇九年の総選挙で政権交代を果たした後、すでに三か月近く副総理兼国家戦略担当大臣という地位にあったにもかかわらず、『大臣　増補版』（岩波新書　二〇〇九年）を出版し、民主党の「脱官僚」「政治主導」をこんなふうに自画自賛している。

選挙中から、マスコミは、民主党のマニフェストを実現するには財源がない、どこから削るのか、本当に削れるのかと批判してきた。この発想が従来型の発想なのだ。私には、「削る」という発想がそもそもない。「削る」というのは、すでに何かがあり、そこから削る。だが、民主党に政権交代したことで、「すでにあった何か」が、もう存在しないのだ。すべてをゼロベースで始める。前年がこうだったから、そこから何パーセント削るとか、上乗せするという発想はない。

国家予算が、たとえば総額九〇兆円になるとしたら、マニフェストで国民と約束し

た、七兆一〇〇〇億を最初に計上する。そして残った額から、必要なものを充てていけばいいのである。（中略）
民主党のマニフェストは官僚がつくったものではない。民主党という政党がつくったものだ。その民主党が選挙で勝利し多数派となったので、それが内閣の方針として官僚機構に対し、このマニフェストに従った予算の要求をするように正式な命令が出たのだ。
この結果、初年度だけで子ども手当てで二兆三〇〇〇億かかる見込みだが、まずそれを積む。
つまり、厚生労働省の予算は、他が前年と同じだとしたら、二兆三〇〇〇億円、それだけで増える。このようにして優先度の高いものから決めていけば、当然、優先度の低いものには予算がまわらなくなる。それにより、無駄遣いが結果として減るのだ。
私が、民主的革命だと言った理由がお分かりいただけるであろう。（『大臣　増補版』二百三十五～二百三十八ページ）
自分の無知をさらけ出しているのだから、まるで喜劇のような文章だが、日本の財政を破滅的におかしくさせたことを思うと、とても笑う気になれない。

政権交代前に編成された二〇〇九年度予算は、一般会計の総額が八十八兆五千四百八十億円で、国債発行額は三十三兆二千九百四十億円だった。ところが菅氏が総理大臣として編成した二〇一一年度予算は、国債発行額が四十四兆二千九百八十億円に膨れ上がり、総額が九十二兆四千百十六億円。つまり「優先度の低いものには予算がまわらなくなる」どころか、たんにバラマキ予算が増えて公債依存度を高めただけである。

この結果、二〇〇九年度末ですでに国・地方の長期債務残高は八百十九兆円と先進国で最悪の水準にあったが、菅政権になって九百兆円を突破し、二〇一二年度末見通しで九百四十兆円だ。これが「コンクリートから人へ」や脱官僚・政治主導の大衆迎合的スローガンや、菅氏の言うところの「民主的革命」の名の下で、民主党が行ってきたことである。

それにしても、脱官僚・政治主導のスローガンは、日本の社会を本当におかしなものにしてしまった。このせいで、日本の頭脳集団といわれた霞ヶ関の官僚たちが、いかに正論を唱えても、その中身をじっくりと吟味することなく、「官僚が言うことだから」という形式だけで忌避されてしまう風潮を作り出したからである。

政治家でも学者でも、消費税増税の必要性を説けば「財務省に毒されている」といわれるし、原発再稼働を唱えれば、経済産業省とつるむ「原子力ムラ」の一味呼ばわりされる。これではまともな議論などできるはずがない。

魔女狩りにも似た風潮を作り、ポピュリズムを一気に蔓延させた民主党の罪はきわめて重い。

第二章　橋下現象はなぜ起きたか

ヒトラー想起させる「白紙委任」

いま日本中どこでも話題になっているのが、橋下徹大阪市長の動向である。関西圏などで放映されている人気ワイドショー番組で歯切れの良い発言を繰り返すタレント弁護士として有名になり、二〇〇八年の大阪府知事選に出馬して当選したところから、彼の政治活動は始まった。その後、「大阪都」構想を打ち出し、その実現のため「大阪維新の会」を発足させて代表に就任。二〇一一年十一月には、都構想に反対する大阪市長を追い落とすため、知事の座を投げ打って市長選に出馬して大差で当選を果たすという、「小泉劇場」政治に勝るとも劣らない劇的なパフォーマンスの連続である。

しかし、ここまでは大阪限定の「橋下劇場」だったが、大阪維新の会を足がかりに国政進出をめざすと公言したことで、にわかに日本中の注目を集めるようになった。

この「橋下現象」とも言えるムーブメントが、関西圏だけにとどまるのか、それとも全国規模に拡大するのか。それは今後の日本政治を占ううえで非常に重要なポイントとなるだろう。そこで、この章では、橋下氏を中心にポピュリズムの危うさを論じてみたいと思う。

まず橋下氏の人気ぶりを数字で見てみよう。

読売新聞社が二〇一二年四月に実施した全国世論調査によると、橋下氏率いる大阪維新の会の国政進出について、「期待する」と答えた人は六十%にのぼり、「期待しない」の三十一%を大きく上回っている。毎日新聞では「期待する」六十二%、「期待しない」三十三%、NHKでは「期待する」五十八%、「期待しない」三十六%という調査結果で、橋下氏の人気がかなり高いことはどのマスコミの調査でも裏づけられる。

注目すべきは、橋下氏の人気ぶりと正反対に、民主党と自民党の政党支持率がそろって低迷していることと、「支持政党なし」と答えるいわゆる無党派層が拡大していることだ。読売の四月調査では、民主党は前月調査から三ポイントも下げて十七％、自民党も一ポイント下げて十六％である。これに対し「支持政党なし」は前月調査より一挙に六ポイントも増えて五十六％である。

毎日（民主十五％、自民十七％、支持政党なし五十％）とＮＨＫ（民主十七％、自民十九％、支持政党なし四十九％）も似たり寄ったりの数字で、民主党と自民党に対する不満と失望が、裏返しに橋下氏への期待を高めていることは容易に想像がつく。

つまり、橋下氏が彗星のごとく現れたのは、民主党と自民党が不毛な対立を繰り返し、さらに、衆院は与党、参院は野党が多数を占める衆参ねじれ現象も加わって「何事も決められない政治」を続けているせいだと言っても過言ではあるまい。

しかし、そのような既成政党の政治に対する不満のはけ口が特定の政治家に求心力を持たせる現象は、ヒトラーの例をみてもわかるとおり、政治的にはきわめて不健全な結果をもたらすことは歴史が証明している。

特に私が危うさをおぼえたのが、橋下氏が「朝日新聞」紙上で次のような発言をしていたからだ。

「選挙では国民に大きな方向性を示して訴える。ある種の白紙委任なんですよ」（「朝日新聞」二〇一二年二月十二日付朝刊）

私はこの発言をとらえて、先に触れた「文藝春秋」の論文「日本を蝕む大衆迎合政治」でこう記した。

この発言から、私が想起するのは、アドルフ・ヒトラーである。第一次世界大戦の敗戦により、莫大な賠償金を課せられ、国民の間に既成政党への不満と閉塞感が渦巻いていたドイツに、忽然と登場したヒトラーは、首相になった途端「全権委任法」を成立させ、これがファシズムの元凶となった。橋下氏の「白紙委任」という言葉が失言ではないのだとすれば、これは非常に危険な兆候だと思う。この点は、はっきりと彼に説明を請うべきだろう。（「文藝春秋」二〇一二年四月号、百一ページ）

この論文を公表してしばらく橋下氏は何の反応も示さなかったが、橋下氏の〝沈黙〟を「ナベツネにビビっている」などと揶揄する記事が出たからであろうか、発売から八日経った三月十八日になって、橋下氏はツイッターを使って激しく反論してきた。以下は、そのときのツイッターでの橋下氏の〝つぶやき〟である。

《渡辺氏が僕に対して一番懸念していること。僕が「政治はある種の白紙委任」と朝日新聞のインタビューに答えたことに関してヒトラーとだぶらせている。これは論理の飛躍》

《ヒトラー独裁のときの統治機構・メディアの情況と今のそれを比較して独裁云々を論じなければならない。今の統治機構において権力は完全な任期制。そして公正な選挙で権力は作られる。これだけでいわゆる独裁は無理。さらに何と言ってもメディアの存在。日本においてメディアの力で権力は倒される》

《僕はそういう意味でメディアの公式な取材にはできる限り応じているつもりだし、情報公開も徹底しているつもり。選挙が公正に行われる限り、権力の独裁はあり得ない。三権分立も機能している。今の日本の統治機構はかなりの完成度で権力を抑制する機能が働いている。やり過ぎと言うくらいに》

《ゆえに、政治家は大きな方向性、価値観を示し、それが支持されたのであればその範囲である種の白紙委任となるとの認識を主張した。その大きな方向性、価値観が、今まとめている維新八策である。個別の政策は、維新八策の範囲内で展開していく。個別の政策を事前に全て出し切ることは不可能》

《また事前の契約を前提とすると不測の事態に政治家は対応できなくなる。政治家は大きな方向性、価値観を示す。重要事項については個別に示す。そして任期の中で、またメディアチェックや様々な権力チェックの中で総合判断を繰り返す。これが政治でありある種の白紙委任の意味である》

《僕なんかね、制度で雁字搦めに縛られ、維新の会以外の多数会派とメディアの厳しいチェックも受けて、独裁なんてやりようがないですよ。所詮、ローカルの大阪市役所の所長ですしね。それに比べれば、渡辺氏の方が読売新聞社だけでなく政界も財界も野球界も牛耳る堂々たる独裁じゃないですかね！》

最後の「渡辺氏の方が独裁じゃないですかね！」の部分から、週刊誌がおもしろおかしく「独裁論争」ともてはやしたものだから、事の本質がぼけてしまったのが残念でならない。橋下氏の反論は、現下の日本を覆うポピュリズムの危険について考察を深めるうえで、格好の材料を提供してくれている。

まず、本当に橋下氏の言うように「選挙が公正に行われる限り、権力の独裁はあり得ない」のだろうか。

簡単に肯定はできない。ヒトラー率いるナチスは一九三二年七月の選挙で議会第一党になり、一九三三年一月にヒトラー内閣が誕生した。立法府に諮ることなく法律を制定できる権限をヒトラー政権に与える全権委任法も同年三月、ナチ以外の政党も賛成して圧倒的な多数で成立した。もともと四年間の時限立法だったにもかかわらず、第二次世界大戦の敗戦でヒトラー政権が瓦解するまで更新を繰り返し、ヒトラーの独裁体制を支える制度的支柱となった。

当時世界で最も民主主義的な憲法を持ち、言論の自由も保障されたワイマール体制下で、ヒトラーが合法的に独裁体制を築いたことを思い起こせば、橋下氏の挙げる「任期制」や「公正な選挙」「メディアの存在」だけで〝ヒトラー的なもの〟を生む危険を完全に排除できるとは思えない。

私は橋下氏がヒトラー的だと言いたいのではない。ポピュリズムの蔓延によって強いリーダーの登場を待望する風潮が高まる中、朝日新聞が橋下氏のインタビュー記事で横見出しを使って強調した「選んだ人間に決定権を与える。それが選挙。ある種の白紙委任」という発想は危険ですよ、と警鐘を鳴らしたのであり、橋下氏の反論は、メディアのチェック機能を過大視している。

橋下氏は朝日インタビューの「白紙委任」発言の前段で、「すべてをマニフェストに掲げて有権者に提起するのは無理です。あんなに政策を具体的に並べて政治家の裁量の範囲を狭くしたら、政治なんかできないですよ」と発言している。

これは私も同感だ。しかし、民主党のマニフェストが大失敗したからと言って、その反動で「白紙委任」に突っ走るのは間違いだ。

橋下氏はその後、「白紙委任なんてありえない」（二〇一二年三月二十九日の記者会見）などと発言しており、軌道修正を図っているようだ。当然であろう。

橋下氏を見ていると、もともとテレビ番組で名前を売った人だけに、テレビの使い方が非常に巧みで、テレビで編集しやすい印象的なワンフレーズで対立する相手を攻撃する手法は、まさに小泉純一郎首相を彷彿とさせる。

しかも、橋下氏の場合、テレビだけでなくツイッターという電子メディアも駆使している。

一度に百四十文字までしかつぶやけないツイッターが典型であるが、ネット上の情報が危ういと思うのは、どれも断片的かつ瞬間的であることだ。これは、ワンフレーズ・ポリティクスにはうってつけの環境だが、同時に非常に危険な状態でもある。その瞬間、瞬間で大衆の心を捉えるワンフレーズを言えば、すべてのメディアがそれで塗り潰され、次の瞬間には忘れ去られて、個々の出来事の体系的な意味づけはなされない。橋下氏と私の〝論争〟も、ポピュリズムの弊害に関する部分はまったく話題にならず、「渡辺氏の方こそ独裁」の部分だけが繰り返しツイートされ、ネット上に拡散してしまっている。

酷似する近衛文麿の登場

橋下氏の人気について、古今東西の例に照らして掘り下げてみよう。

まず日本では、明治以降の政治を振り返って最初に思い出すのは大隈重信だ。私がまだ十代のころ、ＳＰレコードに録音された大隈重信の大衆演説を蓄音機で聞いたことがあるが、明治時代で拡声器がないためか、「わーがーはーいーはー、しょーくーん」というような調子で一言ずつがとにかく間延びしている。雄弁な大衆政治家として名を残した大隈重信の演説にしては大仰で古くさいものだなと思ったけれども、これが昭和に入るとラジオの発達で大きく変わってくる。

昭和の戦前期でもっとも大衆にもてはやされた政治家といえば、それはやはり近衛文麿であるのは間違いない。まだ四十歳代で藤原家の血を継ぐ摂関家の筆頭、近衛家の若い公爵ということで、すごい人気だった。橋下氏が庶民的イメージで人気を得ているのとは対照的に、近衛は貴族的なイメージで人気を集めた。

近衛の演説で一番印象的だったのが、昭和十五（一九四〇）年の皇紀二千六百年式典での挨拶だ。私はラジオで聞いて、「臣文麿誠惶誠恐頓首頓首《しんふみまろせいかんせいけいとんしゅとんしゅ》」というフレーズはいまも耳に残っている。

さて、庶民的か貴族的かという点で対照的な「橋下人気」と「近衛人気」だが、国民大衆の人気が集まる政治的背景は驚くほど似ている。

昭和期直前に大正デモクラシーの時代が花開き、吉野作造の「民本主義」をはじめ自由主義的知識人が言論の自由を競っていた。しかしその後、昭和の初期は、政友会と民政党という二大政党があったが、激しい政争で足の引っ張り合いを繰り返し、国民から既成政党そのものが呆れられてしまった。

特にひどかったのが昭和五（一九三〇）年、軍部の暴走を許すことになった統帥権干

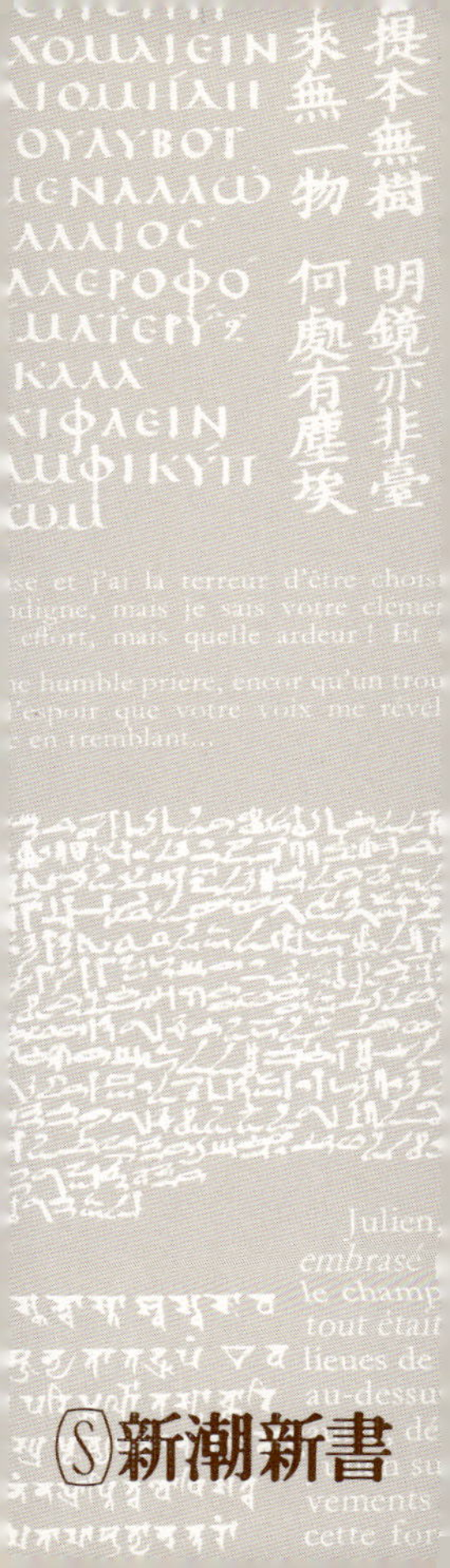
提本無樹
來無一物
明鏡亦非臺
何處有塵埃
se et j'ai la terreur d'être chois
ndigne, mais je sais votre clémen
effort, mais quelle ardeur ! Et
e humble prière, encor qu'un trou
l'espoir que votre voix me révél
e en tremblant…
Julien,
embrasé
le champ
tout était
lieues de
au-dessu
vements
cette for
新潮新書

犯問題だ。ロンドン海軍軍縮条約を結んだ民政党の浜口雄幸《おさち》内閣に対し、陸海軍は天皇に直属すると定めた明治憲法の統帥権の規定を持ち出して攻撃の先頭に立ったのは犬養毅率いる政友会で、その年の十一月の浜口首相狙撃事件につながった。その犬養も、昭和七（一九三二）年の五・一五事件で若手将校たちに暗殺され、犬養内閣を最後に政党内閣の時代は終わり、陸海軍の出身者が総理大臣の座を占めるようになった。

それでも政友会と民政党はまだ命脈を保っていたものの、昭和十五（一九四〇）年になって近衛の新体制運動が沸き起こると、社会主義政党を皮切りに政友会、そして民政党というように既成政党が次々に解党し、それでできたのが大政翼賛会だった。大連立でなく、大合同だ。ほぼすべての新聞がこれを礼賛したことは、我々新聞人の恥である。

こうして誕生した近衛内閣は、海軍が「日米戦争につながる」と抵抗してきたドイツ、イタリアとの三国同盟を九月に調印し、翌昭和十六（一九四一）年七月には南部仏印（フランス領インドシナ）への軍事進駐を行って、米国から石油を全面禁輸される事態を招いた。この二つの出来事が日米開戦の引き金となったと言われていることをみても、近衛には、開戦の火蓋を切った東条英機と並ぶ重い戦争責任がある（読売新聞は二〇〇五年に編集局、論説委員会、調査研究本部の一線記者を集めて「戦争責任検証委員会」を発足させ、満州事変から終戦までの歴史的事象の再検証を行い、翌二〇〇六年夏に最終報告をとりまとめている。この委員会の検証作業と最終報告は『検証戦争責任Ⅰ・Ⅱ』というタイトルで中央公論新社から刊行し、文庫にもなっている。英訳本も中国語訳本も出ている。興味のある方は一読されたい）。

民主党と自民党が繰り広げる不毛な対立で支持率合わせて三十％台と低迷していることと、世論調査で六十％にものぼる橋下氏への熱い期待と——。近衛の登場の仕方となんと似通っていることであろうか。

もちろん、政治家は人気がない方がいいというわけではない。政治的人気には、必要な部分もあるが、同時に危険な部分もある。そういう二面性を十分意識しなければならないと言いたいのだ。

戦後でみると、大衆人気のある政治家で真っ先に挙げたいのは、鳩山一郎さんだ。

政治学者の岡義武氏はかつて、近代政治家の大衆に対するアプローチの仕方について二つの型があると指摘して、「大衆をして彼に対する親近感を持たせることによって、大衆を把握するタイプの政治家」と「大衆に彼との間の距離間を強く意識させて、それによって、大衆の心をとらえるタイプの政治家」とに分類している（弘文堂刊『近代国家論』第二部岡義武「近代政治家のストラテジー」)。前者の典型は鳩山一郎さんで、後者の典型は吉田茂さんだ。

吉田さんは、新聞記者にも会わないし、カメラマンにはコップで水をぶっかけるように、マスコミを無視することによって自分の権威を高めてカリスマ的な権威を作り上げようとした。一方の鳩山さんは、あのころはテレビが普及していなかったのでラジオだったが、ラジオの前で本当に大衆に語りかけるように話すのが印象的だった。

東京・音羽の鳩山邸いわゆる音羽御殿は、私はまだ駆け出しの新聞記者だったのに出入り自由で、書斎に入って鳩山さんと会ったり、台所でも応接間でも行きたいところにどこでも行けた。だから、誰がいま音羽御殿に来たのかすぐにわかるから、新聞記者としてありがたかった。鳩山さんは「俺の家の廊下は道路だよ」と言っていた。自分の知らない一般人が通り抜けしている、という意味だろう。実際は、いちおう玄関から入って階段を上がっていくのだから「道路」とは違っていたけれども、非常に開放的だったのは間違いない。

奥さんの薫夫人もすばらしい人だった。父親は衆議院の書記官長などを勤めて貴族院議員になった寺田栄で、本人は共立女子学園の理事長も務めたし、鳩山さんが総理大臣になったときは「宰相をつくりあげた賢夫人」と言われた。この薫さんもまた新聞記者を大事にしてくれて、音羽御殿で私とある代議士が取っ組み合いの喧嘩になったとき、薫さんが「まあまあ、おふたりさん」と言いながら仲裁に入って、相手の代議士もおさまってしまう。私も薫さんには頭が上がらなかった。薫夫人が一九六六年に民間女性ではじめて勲一等瑞宝章を受章したときは私も喜んだ。

鳩山さんは、吉田さんとは対極的な形でカリスマ的存在だった。

ロイド＝ジョージの煽動手法

海外に目を転じると、大衆人気の文脈で挙げなければならない政治家の筆頭は、第一次世界大戦さなかに英国の首相を務めたデビッド・ロイド＝ジョージ（一八六三〜一九四五年）である。

私は『わが人生記』の中で、小泉首相の手法を批判する文脈でロイド＝ジョージについて書いたことがある。少し長くなるが引用しよう。

「二〇〇五年八月、小泉純一郎首相による衆議院解散から総選挙によって、日本は『劇場型政治』というよりも、さらに一段と激しい、大群衆が『剣闘士の戦い』に興奮の声を挙げる『コロセウム型政治』へと突入した。飛び交う『刺客』という言葉が、いみじくもこの選挙のなかに潜む『血生臭いドラマ』を浮き上がらせている」

このテレビ・ワイドショー的政治の背景解説風の文章は、「宰相小泉が国民に与えた生贄」と題された、中西輝政・京都大学教授の筆になるものである。二〇〇五年十月号の『文藝春秋』の巻頭論文となった。

西欧政治史を専攻する中西教授が、この前文の後に続いて書いていることは、一九一八年の英国首相ロイド＝ジョージの「クーポン選挙」と今度の小泉解散・総選挙との類似性についてである。

ロイド＝ジョージ以前の英国首相は、名門貴族出身か、貴族学校のイートン校を出てオックスフォードかケンブリッジの名門大学を卒業した者に限られていた。ロイド＝ジョージは、「最下層の労働者階級」出身であるだけでなく、小泉純一郎的な大衆人気を持ったポピュリストであり、煽動政治家であった。

彼は首相として、下院をほとんど無視し、戦時少数内閣を編成した。閣僚とその下僚の行政官に、非議員や実業家を多く登用した（河合秀和『現代イギリス政治史研究』岩波書店刊参照）。これは、小泉首相が、経済財政諮問会議を隠れ蓑にして、民間人を内閣中枢に起用したのに似ている。

ロイド＝ジョージの総選挙と、小泉首相の総選挙の類似点を挙げてみよう。

その一は、単一争点化である。ロイド＝ジョージは、選挙の争点を第一次世界大戦の敗戦国ドイツに対する強硬姿勢にしぼった。スローガンは、「カイゼル（ドイツ皇帝）を吊るせ」であった。絞首刑にしろとは殺伐なフレーズだが、シングル・イシューである点、小泉首相の「郵政改革」の単一争点化と同じであった。

その二は、有名なロイド＝ジョージのクーポン選挙と、小泉首相の反対派非公認および刺客の送り込みである。ロイド＝ジョージは、自分の支持派には公認証を出し、反対派には公認証書を与えず、同じ自由党内を敵と味方に分けた。この公認証書を、第一次大戦中の食料の配給券（クーポン）になぞらえて、クーポン選挙と言われるようになった。

これは、昭和戦時の翼賛選挙での推薦候補と、非推薦候補にそっくりであった。東条内閣による翼賛選挙の結果の当選者は、推薦組三八一と圧倒的多数、非推薦組は八五の少数で、その中には、鳩山一郎、尾崎行雄、三木武吉らがいた。大野伴睦は、非推薦で落選している。

ロイド＝ジョージ連立政権（自由党と保守党）は、四七八議席を占めて大勝した。ロイド＝ジョージの前任首相アスキスも、反ロイド＝ジョージ派として落選してしまった。このときの野党勢力は、アスキス派自由党が二八、労働党が六三であった。二〇〇五年の小泉連立政権の圧勝を思わせる。

その三は、日英両国の共通点として小選挙区制があることだ（日本は小選挙区比例代表並立制だが、効果はほとんど小選挙区制と同じ）。

小選挙区制は、与野党の勝敗に大差をつける。

小選挙区制選挙の最も極端な結果は、カナダでの一九九三年のキム・キャンベル首相（女性）の率いる進歩保守党による解散で、野党の自由党が大勝した結果、与党の進歩保守党はたった二議席になり、キャンベル首相も落選してしまった。小選挙区制のある種の恐ろしさを示す典型である。

このような急激な政治勢力の消長は、結果的には〝人気〟のもたらす一種のクーデターであって、議会民主主義の本旨に反するのではないか。

小泉首相は、「自民党をぶっ壊す」と言ったが、結果的には、〝刺客選挙〟で新人が八三人も当選することで自民党を大勝させた。一方のロイド＝ジョージは、自由党を分裂させ、かつ自身、売勲、売爵事件や首相公邸での妻妾同居などのスキャンダルもあって、自由党から追い出されてしまった。(『わが人生記』百三十～百三十三ページ)

小泉さんのワンフレーズ・ポリティクスの原型はロイド＝ジョージであると言っても過言ではない。

ちなみに、大衆煽動政治家としてのロイド＝ジョージを絶賛しているのが、アドルフ・ヒトラーである。ヒトラーは『わが闘争』の中で、ロイド＝ジョージの演説内容が「精神的にも学問的にも価値が低く、そのうえ平凡なわかりきった結果を取扱っている」と妙なほめ方をしたうえで、彼の演説は「民衆を完全に自分の思うままに動かした」ことで、「天才」だとまで賞賛している(角川文庫版『わが闘争』の下巻第六章「初期の闘争――演説の重要性」)。

『わが闘争』は、当時約一千万部売れた超ベストセラーであるが、大衆について「理解力は小さいが、そのかわりに忘却力は大きい」などと侮蔑する表現が多々含まれているにもかかわらず、ヒトラーはその大衆から熱狂的支持を得たのであるから、現代民主政治が、衆愚政治、専制政治と紙一重的な脆弱さを持つことは記憶しておかねばなるまい。

第二のマクガヴァン現象？

「シングル・イシュー選挙」という政治手法でロイド＝ジョージとそっくりだったのは小泉首相であったが、現在の「橋下現象」とも言うべきムーブメントで私が思い出すのが、「マクガヴァン現象」である。

これは日本の読者にはなじみが薄い用語かもしれないが、米国では歴史的な政治現象として語り継がれているものである。

ジョージ・マクガヴァン（一九二二〜　）は、一九七二年の民主党大統領候補である。民主党の上院議員だったマクガヴァンは、ジョンソン大統領が拡大して泥沼化したベトナム戦争を強く批判し、ベトナムからの米軍即時撤退や捕虜の返還実現、脱走兵に対する恩赦を公約に掲げて立候補した。当時のベトナム反戦運動の盛り上がりや厭戦気分の中で、マクガヴァンの「反戦」公約は草の根的な支持を集め、民主党の大統領予備選がスタートすると徐々にブームとなって大票田のカリフォルニア州を制し、党大会のころには第一回投票で過半数を大きく上回る代議員数を確保して地滑り的勝利を果たした。この予想外のマクガヴァン・ブームは全米の政界、学界、マスコミ界の大きな争点となり、論壇はその分析を競ったものだ。

ところが本選になると、大逆転が起こった。マクガヴァンの極左的公約に嫌気が差した民主党内の保守派、中道穏健派が離反したため、マクガヴァンは、再選をめざす共和党の現職大統領リチャード・ニクソンを相手に、今度は五十州のうちマサチューセッツ州とワシントンDCしか勝てず、地元のサウスダコタ州でもニクソンに負けてしまうという大惨敗を喫した。

私は、この大統領選の始まる直前までワシントン支局長として米国政治の取材に没頭していた。それだけに、短期間の間に歴史的大勝と歴史的惨敗を見せつけられ、ぶれの激しい現代的民主政治の一面を垣間見た気がした。

そろそろ橋下氏に話を戻そう。

私はなにも橋下氏が第二のマクガヴァンだと言いたくて、「マクガヴァン現象」を持ち出したのではない。

私が言いたいのは、一種のムーブメントになると一時的に熱狂的人気を集めるけれども、大衆というものは醒めるのも早いため、人気頼みの姿勢ではマクガヴァンのような凋落もあり得るのではないか、ということである。そこで大事になるのが政策である。

「維新八策」への期待と不安

橋下氏と大阪維新の会は、国政向けの公約として、坂本竜馬の「船中八策」になぞらえて「維新八策」を掲げている。

司馬遼太郎の『竜馬がゆく』がベストセラーになり、その後何度もテレビドラマになっているので、竜馬ほど国民的人気の高い幕末の志士はいないだろう。その竜馬にあやかって公約を掲げるあたりがポピュリズムの手法なのだが、維新八策にはもう一つ隠された仕掛けがあると思う。

それは、小泉首相の「ワンイシュー」ではなく「エイトイシュー」にしたことだ。小

「維新八策」の概要

①統治機構の作り直し
▽道州制▽首相公選制▽参議院改革（最終的には廃止も視野）▽衆議院の優越の強化▽地方交付税の廃止・消費税の地方税化▽大阪都構想

②財政・行政改革
▽プライマリーバランス（基礎的財政収支）黒字化の目標設定▽国会議員の定数削減

③公務員制度改革
▽公務員人件費削減

④教育改革
▽教育委員会制度の廃止論を含む抜本的改革▽教育行政制度について自治体の選択制

⑤社会保障制度
▽現行年金制度の清算。積み立て方式への移行（最低ライン）。掛け捨て方式（ストックでの所得再分配）

⑥経済政策・雇用政策・税制
▽徹底した規制緩和▽自由貿易圏の拡大（TPP／FTA）▽高付加価値製造業の国内拠点化▽国民総背番号制によるフロー・ストックの完全把握▽脱原発依存

⑦外交・防衛
▽日米同盟を基軸▽日米豪での戦略的軍事再配置▽日本全体で沖縄負担の軽減を図る更なるロードマップの作成着手▽国際貢献する際の必要最低限の防衛措置

⑧憲法改正
▽憲法改正要件（96条）を3分の2から2分の1に緩和

泉さんのワンイシュー選挙は、ロイド＝ジョージ型大衆煽動を彷彿とさせる、だからポピュリズムだ……という批判をあらかじめ予想して、「私はワンイシューではありませんよ」と先手を打つ狙いが込められているのではなかろうか。

八項目の政策を並べるのは確かに知恵だが、大事なのはその中身だ。維新八策は途中で更新されているので、ここでは二〇一二年三月時点のもので精査すると、私が読んでも評価できる部分が多々入っている。

例えば、プライマリーバランス（基礎的財政収支）の黒字化や、ＴＰＰ（環太平洋経済連携協定）に参加して産業のグローバリゼーションを進めよという主張はまったくそのとおりである。

憲法改正の発議要件を現行の衆参各三分の二から二分の一にする、というのもぜひとも実現すべきであり、私も大賛成だ。

他方で、抽象論や一般論では賛成できても、各論で首を傾げたくなる部分もある。

例えば、維新八策が目標に掲げる「決定でき、責任を負う統治機構の確立」が必要なのは同感であるが、その具体的な方法として、維新八策が挙げる首相公選制が適当とは思わない。米国の大統領選で同じ政党の候補者同士が予備選段階で中傷合戦を繰り広げているように、専門政治家が対象ではなく、一般大衆向けの選挙作戦が要となるので、党内における候補者決定が容易ではないからだ。維新八策が首相公選制とともに掲げる参院廃止論も、これだけでは意味不明だ。たとえば、衆議院による間接選挙で、学識、人格の立派な人物を選び、第二院（上院的なもの）を新設し、衆議院に対するチェック機能を持たせる、といった具体論まで踏み込まなければ判断のしようがない。

「消費税をすべて地方税にする」というのも、きわめて危うい議論だ。国・地方の長期債務残高は、地方の約二百兆円に対し、国はその四倍近い約七百四十兆円（二〇一二年度末見通し）に達する。消費税をすべて地方に回すなら、橋下氏は国の財政再建をどうやって実現するつもりなのか。

教育改革に関する主張も疑問だ。教育内容を自治体単位で決めるということになると、各自治体によって異なることになり、国全体としての教育政策がなくなってしまう。「年金の掛け捨て」という主張は、高所得の高齢者には年金を支給せず、掛け捨て扱いとなり、その分、低所得者を優遇するということなのだろう。掛け捨てになるとわかっている保険料を誰が払うだろうか。これを実際に導入すれば年金制度の秩序は崩れる。

エネルギー問題では、維新八策は「脱原発依存」を掲げている。電力の五割を福井の原発に依存する大阪でこれを強行したら、関西経済圏の不況はさらに悪化する。にもかかわらず橋下氏は、関西電力大飯原発（福井県大飯郡おおい町）の再稼働に否定的な言動を繰り返してきた。

橋下ブレーンの一人と言われる大前研一氏が、月刊誌「Ｖｏｉｃｅ」二〇一二年五月号に「『全国一律に』から訣別するとき」と題する寄稿文で橋下氏に熱いエールを送っている。ところが、その大前氏でさえ、「脱原発」姿勢に対しては強い疑義を呈している。

（関西電力の）株主総会にまで乗り込んで株主権を行使するのは、一種の恫喝政治だろう。もっと冷静な視点で停止している原子炉の実情を調べ、再稼働できるものは積極的に稼働させないと、おそらく今年の夏は乗りきれない。この冬、関西電力の電力使用量は供給能力の九四％にまで達した。これは新鋭の火力発電所が一つ停止すればブラックアウトするという、非常に危険なレベルである。

仮に計画停電などで乗り切れたとしても、そのような地域の経済は衰退するし、外から新しく企業が来ることもない。ただでさえ大阪は「人が住めない街」といわれている。実際のところ大阪の財界人ですら神戸や芦屋に住んでいるわけで、そこで関西電力とのケンカが続くようなら、ますます企業は腰が引けてしまうに違いない。（「Ｖｏｉｃｅ」二〇一二年五月号、五十二〜五十三ページ）

大前氏の指摘は正しい。橋下氏の周辺には、脱原発派の環境原理主義者や元官僚がブレーンと称して暗躍していると聞くが、橋下氏は、大前氏の警告に耳を傾けたのか、本書脱稿直前に再稼働容認に転じた。

このように仔細を見ると、維新八策は、評価できる部分も一部あるとはいえ「問題なし」とはとても言えないし、何より総じて抽象的で掘り下げ不足の印象である。今後さらに磨きをかけることが不可欠だし、それなしでは、大衆の耳に心地よい抽象的スローガン、つまり「ワンフレーズ」を八項目並べただけ、というそしりを免れないだろう。

真のブレーンがいるのか

橋下氏の動向で私が政策と並んで注目しているのは、彼が真に優秀なブレーンを集められるかどうか、という点である。

私はかつて、ワシントン支局長の経験を踏まえ、アメリカの補佐官政治の歴史を分析した『大統領と補佐官』（日新報道　一九七二年）を出版し、その中でこう書いた。

現代民主主義国家にあっては、この行政の複雑多岐にわたり、行政組織が巨大化した時代に、最高権力者とはいえ、一人で政府の意思決定をすることは不可能である。そこで最高権力者をとりまく一団のブレーン・トラストを独自に所有し、意思決定の一部もしくは大部分を委譲するか、行政府の官僚に密着して、巨大な行政機構に政策決定の実質と責任を拡散させるか、の二つの方法がある。（『大統領と補佐官』六ページ）

日本の歴代総理大臣でブレーンをうまく活用したのは大平正芳さんや中曽根康弘さんで、官僚を使いこなしたのは吉田茂さんや佐藤栄作さんだ。池田勇人さんも官僚機構を有効活用した一人だが、所得倍増論を編み出した下村治氏（一九一〇～一九八九年）のような優秀なエコノミストもブレーンにしていた。

米国でブレーン政治の祖といわれるフランクリン・ルーズヴェルトが好んだ言葉に

「匿名への情熱」（Passion for Anonymity）がある。池田内閣における下村さんは「匿名への情熱」の典型で、自分の売名には関心がなく、池田さんに高度成長をやらせることに情熱をかけた人だった。下村さんは当時、日本開発銀行の一理事で、私は一人で彼の部屋に行って所得倍増論の説明を受けたが、本当に狭い部屋だった。

私が下村さんを高く評価するのは、日本経済が安定成長の局面に移ってから、彼は自身のケインズ的所得倍増論を引っ込めて、インフレーションを防ぐためにはむしろ緊縮財政が必要だと主張したことだ。学者は往々にして自説に拘泥して自縄自縛に陥りがちだが、下村さんは違った。現実に即して経済を見ようとする姿勢を常に持ち合わせていた。

ブレーンを活用する政治でもうひとつの成功例が、中曽根内閣が取り組んだ行政改革である。

中曽根さんは第二臨調（臨時行政調査会）という組織を使って、国鉄と電電公社の民営化を断行した。国鉄も電電公社も親方日の丸でサービスの質が実に悪かったが、ＪＲとＮＴＴに民営化されてから見違えるように変わった。

第二臨調の会長は元経団連会長の土光敏夫さんであったが、実際に臨調を取り仕切っていたのは、平委員の瀬島龍三氏（一九一一〜二〇〇七年）だ。

瀬島さんは戦前の陸軍参謀で、昭和十六（一九四一）年十二月八日の日米開戦のときは大本営陸海軍兼任参謀として開戦命令の電報文「ヒノデはヤマガタとす」（作戦開始日は八日とする、の意）を起案した人物である。戦後シベリアに抑留され、帰国してから伊藤忠商事に入社して経済商戦にその頭脳を使った人だが、彼も第二臨調を切り盛りする最大の秘訣が官僚をうまく使いこなすことだったと自伝に書いている。

行政組織が協力しなければ、これほどの荒療治は実現できないと見切っていたからで、協力的な官僚を周囲に集めて彼らの経験と知恵を集約する一方で、民営化に最後まで抵抗する官僚には更迭という強い態度で臨んだ。第二臨調の成功から「昭和戦後の参謀」と呼ばれるほど有名になったので、「匿名への情熱」とは違うかもしれないが、下村さん同様に歴史に名が残る名ブレーンの一人であったのは間違いない。

橋下氏の日ごろの言動をみていると、官僚政治に対してかなり批判的なので、吉田・佐藤型の官僚を使いこなすタイプではないだろう。だとすると、安定した政治運営をめざすなら、下村さんや瀬島さんのような優秀なブレーンを周囲に集めることが絶対条件となる。

橋下氏の周囲をみると、中には堺屋太一さんのような現実主義的エコノミストもいるようだが、おそらくは橋下氏の人気にあやかって自分を目立たせたいと考える売名的人間が多数群がっているだろうし、橋下ブームを利用して即時脱原発のような、非現実的な政策を無理に実現させようとたくらむ勢力も紛れていよう。

不純な動機を抱く勢力を排除し、政策的に正しく「匿名への情熱」に燃える人間をどれだけ集めることができるか。橋下氏と大阪維新の会が仮に国政進出を果たせても、ブレーン選びに失敗すれば、国政運営はかなり危ういものになるのではないかと危惧している。

しかし、橋下氏についてもっとも気になるのは、一番肝心な部分、つまり彼がめざす政治を実現するために必要な体制をどうやって築くのか、という点を意識的に曖昧にしている点だ。

石原慎太郎東京都知事の「石原新党」と合体して、東京、大阪、名古屋の三都市連合を中心にした新党結成という話も聞こえてくるが、いますでにある政党、たとえば国民新党やみんなの党も橋下氏に秋波を送っている。それを全部かき集めるのでは、かつて細川護熙内閣が八党派の寄せ集めで結局は瓦解して短命に終わったような末路をたどりかねない。ちゃんと政策で選り分けて、政策中心の政治勢力結集を追求すべきである。

私は橋下氏に対して、「白紙委任」論の見直しや維新八策のブラッシュアップとともに、擦り寄ってくる政党や勢力の真贋を見極め、政策本位の勢力結集に努めることを心より忠言したい。それがきちんとできれば、おのずと「ハシズム」などといったヒトラーに擬した警戒論は自然消滅するに違いない。二十一世紀日本の歴史的リーダーになる可能性もないとは言えない。

第三章　大連立構想はなぜ失敗したか

七〇年代から保革連立論を唱えた

鳩山・菅二代の民主党政権が政治的無知で国政を混乱させ、民主党と自民党が不毛な対立を続けているせいで、既成の政治に対する国民大衆の不満と失望は頂点に達している。その結果が、ヒトラーや近衛文麿の登場、あるいはマクガヴァン現象を想起させる「橋下現象」となって現れている――というのが私の分析である。

これほどの政治の混迷を目の前にして思うのは、私が少なからず関わりを持った二〇〇七年の大連立構想のことである。

歴史にイフは禁物というが、あの工作が成功していたら、政治の情景は今とまったく異なったものとなっていただろう。本当に悔やまれてならない。

当時の経緯について、私はこれまで沈黙を守ってきた。しかし、私も今年で八十六歳である。日本の政治がこのままポピュリズムの渦に呑まれていくとしたら、大連立構想の挫折が大きな岐路だったと痛感するだけに、当時の経緯を書き残しておくことは後世に対する責務かもしれないと考えた。

ただ大連立構想の経緯を記す前に、私がどのような考えで連立工作に関わったのかを最初に記したい。

私の連立工作は、二〇〇七年の大連立構想がはじめてではない。もっとも古いものは、一九八三年、中曽根内閣のときだ。

日本の政治は、一九六〇年代までは自民党が絶対多数党として立法府も行政府も押さえていた。ところが、七〇年代の保革伯仲時代に入ると、にわかに不安定になった。

解説部長、政治部長という職にあった私は、当時、保守単独政権は遅かれ早かれ終焉を迎えるだろうと予測していた。

その理由は、保守政治の土俵がひと回りもふた回りも狭くなったことだった。吉田・鳩山時代の一九五三年の総選挙では、保守各党派の総得票率は六十六％に対し、革新諸党の総得票率は三十％という大差があった。しかし、七〇年代に入り保守の得票率は四十％台まで下がり、一九七四年の参院選では、地方区選の総得票率でついに「保革逆転」が起きた。憲法の規定上、法律を成立させるためには衆参両院で過半数を必要とする。得票率で保革逆転が起きた以上、議席数で逆転が起きるのはもはや時間の問題だった。

そうであれば、自民党は「保革連立政権」をタブー視せず、むしろ政治の安定のため、当時は革新陣営に属していた民社党や公明党との連立を積極的に検討すべきではないか。そう考えた私は、『保革連立政権論』（ダイヤモンド社　一九七四年）と題する本を出版したのである。

その直後に左翼の歴史学の泰斗・羽仁五郎さんが私を会社に訪ね、この書に賛意を表するとともに、なぜこのように考えたかを尋ねられた。私は学生時代、しばしば羽仁さんの自宅を訪ね、歴史学について教えを請うた経験があるので、この〝逆訪問〟にびっくりしたものだ。

その連立構想が実現する機会が、一九八三年に到来した。

この年は十月にロッキード事件の一審判決があり、田中角栄さんに対して受託収賄罪で懲役四年、追徴金五億円という判決がくだった。田中さんはただちに控訴したが、野党各党は田中議員辞職勧告決議案を提出して国会が混乱。結局、衆参両院議長が斡旋する形で解散・総選挙となった。

同年十二月の選挙で自民党の獲得議席は二百五十で過半数（二百五十六）に届かず、九人の追加公認でどうにか過半数を超えるという際どい状態だった。

過半数を超えた程度では、政治はいっこうに安定しない。なぜなら、日本の国会は常任委員会中心主義を採用しているからだ。内閣、法務、外務……と各省庁に対応する常任委員会があり、法律案は役所ごとに対応する常任委員会に付託される。そのため、政権党が法案をスムーズに成立させるためには常任委員長ポストをすべて押さえるだけの数が必要となる。さらに常任委員長は可否同数のときにはじめて採決に加わるので、最低限、すべての常任委員長ポストを独占し、かつ全委員会で可否同数に持ち込めるだけの議席を確保しなければ、政権を安定させることはできない。

つまり、奇数委員会では、政権党は一議席の多数でよいが、偶数委員会では、二議席の多数を要するので、全委員会で政府案を可決するためには、与党全体では全議席の絶対多数（過半数）では不足なのである。

私は「保革連立政権論」でこの点を指摘して、重要な委員長ポストの独占かつ委員会で委員長を除いて可否同数となる議席数を「安定多数」、さらに全委員会で同様に与党が案件を可決できる議席を「絶対安定多数」と名づけた。この安定多数と絶対安定多数は、国政選挙のたびに獲得議席の指標として必ず使われるようになり、いまでは政治用語として定着している。

ここで私のはじめての連立工作の話に入ろう。

一九八三年のロッキード判決選挙で自民党は、保守系無所属の追加公認で過半数をわずかに超えただけの状態だった。しかし、この選挙で民社党は三十八議席を獲得していた。民社党と連立すれば、衆院の絶対安定多数（二百八十三）に届く。そこで選挙結果が出た直後、私は民社党委員長の佐々木良作さんを訪ねて、「あなた、中曽根自民党と連立政権を作りませんか」と持ちかけた。すると佐々木さんも応じると言うではないか。

私は、新聞記者の目をまくため首相官邸に裏口から駆け込み、中曽根さんに佐々木さんの意向を伝えた。しかし中曽根さんは開口一番こう答えた。「ナベさん、十分遅かった」。

中曽根さんの説明では、田中六助さん（当時自民党政調会長）が直前まで来ていて、新自由クラブ（八議席）に閣僚を一ポスト渡す条件で連立する話にゴーサインを出した後だった。

私の最初の連立工作は失敗に終わったけれども、この自民・新自由クラブ連立の第二次中曽根内閣は、一九五五年の保守合同以降で最初の連立政権となった。

自自連立で小沢・野中の橋渡し

二度目の連立工作は、一九九八年、小渕恵三内閣に対し小沢一郎党首率いる自由党との連立、いわゆる「自自連立」の橋渡しをしたことだった。

橋渡しの詳細を記す前に、当時の時代状況を簡単に振り返ろう。

一九九七年の夏、世界経済はタイで勃発した通貨危機を引き金に、インドネシア、マレーシア、フィリピン、韓国と次々に飛び火し、アジア通貨危機が起こった。日本でも九七年十一月、三洋証券の破綻を皮切りに北海道拓殖銀行、次いで山一證券と破綻の連鎖が起こった。当時の橋本龍太郎内閣は、財政構造改革を訴え、緊縮財政路線をとっていた。山一の破綻を受けて二兆円の特別減税を実施したが、財革路線の旗は降ろさなかった。

私は、財革路線を一時凍結して積極財政に転じるべきだと主張し、読売新聞の社説でも財革路線の凍結を繰り返し迫った。しかし、方針転換を国民から「ぶれた」と受け止められることを嫌った橋本さんは、棚上げ・凍結を容易に口にしなかった。結局、景気の急減速と歩調を合わせるように橋本内閣の支持率は下落して、自民党は九八年七月の参院選で惨敗を喫し、橋本さんは退陣に追い込まれた。

私は当時、橋本内閣に対してもう一つ強く主張していたことがある。それは「財金分離」の撤回である。

橋本内閣は九六年に首相直属の行政改革会議を発足させ、私も委員として参加した。ここで行政改革のプラン作りを集中的に行い、それまで一府二十二省庁あった中央官庁を一府十二省庁に整理統合した。この整理統合案の検討の過程で大きな論点となったのが、当時の大蔵省が持っていた財政部局と金融部局を分離する「財金分離」の議論だった。

私は分離論に強く反対した。金融危機が起きたときに財政と金融が一体でなければ機動的に対処できないと懸念したからだ。ところが行革会議の中では分離論が大勢だった。どう考えても私には、分離論の底流には「官庁の中の官庁」的存在だった大蔵省に対する嫉妬、やっかみがあると思えてならなかった。しかし、大蔵官僚の不祥事が重なって、大蔵省バッシングの嵐の中、私に言わせればポピュリズム的発想そのものの財金分離論が通ってしまった。

私の懸念はすぐに現実となった。

九八年八月にロシア財政がパンクして債務不履行（デフォルト）を起こし、それが引き金で大型ヘッジファンドのＬＴＣＭ（ロング・ターム・キャピタル・マネージメント）が破綻、世界は恐慌突入の瀬戸際にあった。

そのとき日本はどうしていたか。なんと財金分離の愚策のせいで、金融担当大臣がいなかったのだ。

正確に言うと、小渕首相が金融行政の最高責任者だった。だからそのころ小渕さんは、破綻寸前の日本長期信用銀行（長銀）の受け皿になることを住友信託銀行の高橋温社長に直接頼んだりしなければならなかったのである。金融危機のさなかにもかかわらず、金融担当大臣は、その年の十月、柳沢伯夫国土庁長官が新設された「金融担当相」に指名されるまで、この国に存在しなかった。

国会も麻痺状態だった。七月の参院選で惨敗したため、小渕内閣は参院が過半数割れの状態で国会に臨まなければならなかった。このため八月上旬に提出された金融機能再生法案は、菅直人代表率いる民主党との間で延々と修正協議に時間がかかり、結局、自民党が民主党案を丸呑みして成立したのが十月十二日。この二か月の間に日経平均株価は一万六千円から一万二千八百円へと、三千円以上も暴落してしまった。

私が自民党と自由党の間で連立の橋渡しに積極的に動いたのは、このような金融危機の淵に日本が追い込まれていたからである。

私が具体的に橋渡しをしたのは、小渕内閣の官房長官、野中広務さんと自由党党首の小沢一郎さんだ。実は当時、私は野中さんとも小沢さんとも、個人的に親しくなかった。

特に野中さんとは、一対一で会ったことが一度もなかった。そこで当時自民党の参院幹事長だった青木幹雄さんが、ある料亭に私と野中さんを招いて引き合わせた。その宴席の帰り際、野中さんが私の前で両手をついて「よろしくお願いします」と頭を下げた。私はびっくりして「いやいや、こちらこそよろしくお願いします」ともっと低く頭を下げたが、野中さんの自自連立に賭ける本気度を見た気がした。

そこで私も小沢さんの周辺に懇意にしている人物（後述する「X氏」）がいたので、その人を介して野中さんの気持ちを小沢さんに伝えてもらい、小沢さんと野中さんを二人だけで会わせることに成功した。

自自連立で私がもう一つだけ骨を折ったのは、この小沢・野中極秘会談の後、野中さんから頼まれて、当時小渕派会長だった綿貫民輔さん（のちに衆院議長）の了解を取り付けたことだった。

「綿貫さんが賛成だと言ってくれれば、ただちに連立に動きます」と野中さんは言ったが、小渕派と小沢自由党はもともと一九九二年の旧竹下派分裂で袂を分かった経緯があるから、野中さんとしては、派閥の会長の事前了解が必要と判断したのだろう。私は翌朝、綿貫さんの個人事務所を尋ねて、水面下で連立に向けた動きがあることを説明して、「綿貫さん、ぜひ賛成と言って下さい」と頼んだら、綿貫さんも「わかりました」と言ってくれた。会社に到着してすぐ官房長官室に電話をかけて、野中さんに結果を報告した。私が関わったのはここまでだ。

連立に踏み出す歴史的一歩となった九八年十一月十六日の小渕・小沢会談の実現で自

自自連立は出発した。但し野中さんの迫力のためか、野中・小沢会談の夜、小沢さんは吐き気で苦しみ、某ホテルに医師を呼び点滴をするハメになったのだった。

破綻前の公的資金投入を可能にする金融早期健全化法は、自自連立に向けた水面下の動きがあったおかげで、自由党の賛成が得られ、国会提出から十日もたたずに十月十六日に成立し、これにより六十兆円の公的資金投入の枠組みができた。私が橋渡しした自自連立は、日本の金融システム危機ひいては世界恐慌突入の危機を食いとめるうえで、大きな役割を果たしたと思っている。

「慎重さ」と「過信」の悪連鎖

野中さんと小沢さんによる自自連立工作は成功したが、その九年後の二〇〇七年、私が再び橋渡し役を務めた大連立工作が失敗に終わったのは何故か。

結論から言えば、福田康夫首相の「慎重さ」と、小沢民主党代表の「過信」が、悪い形で重なり合ってしまったのだと思う。

福田さんの前任の安倍晋三首相で臨んだ二〇〇七年七月二十九日の参院選は、旧社会保険庁の年金記録漏れや相次ぐ閣僚不祥事による辞任などから急速に国民の支持を失い、獲得議席が三十七という惨敗を喫した。それに対して小沢さん率いる民主党は六十議席と大躍進。非改選議席を合わせた両党の議席は民主百九、自民八十三となり、自民党は一九五五年の結党以来はじめて参院第一党の座から滑り落ちた。

そしてこの選挙結果は、衆院は与党、参院は野党が多数を占める「衆参ねじれ国会」を生んでしまった。

この結果をみて私は、「自民党と民主党による大連立を実現しないと、日本の政治は何も動かなくなる」という強い危機感を持った。私は例年いつも八月上旬は長野県軽井沢町で夏休みを過ごすのだが、この年軽井沢で政治家に遭遇するたびに私は大連立の必要性を説いた。その一人に綿貫さんがいた。

綿貫さんは当時、すでに自民党を離れて国民新党の代表を務めていたが、先に触れたとおり、私が九八年の自自連立の橋渡し役を務めたことを知る数少ない政治家の一人だった。そこで私は、自民・民主の大連立について綿貫さんの意見を聞くと、綿貫さんも「私もそう思いますよ」と言ってくれたので、「それじゃあ、ちょっと仕掛けてもいいですか」「ぜひやってください」という会話になり、軽井沢から東京に戻ったらすぐさま動こうと思った。

ところが、綿貫さんとのやりとりの直後のことだ。私の滞在する軽井沢のホテルに一本の電話が入った。

その電話の主は、あれから五年たった現在も明かすことはためらわれる。相手に迷惑をかけるからだ。したがって、ここではX氏としておくが、小沢さんが非常に信頼を置いている元大物官僚である。

X氏の電話は、「小沢さんが大連立をやるべきだと言っている」というものだった。これは渡りに船だと思った。X氏も、「ナベさんと私が連絡役をやって大連立をやろうじゃありませんか」と言ってくれた。

X氏との大連立の準備は、安倍内閣がすでに死に体だったので、福田さんを「ポスト安倍」の最右翼とにらんで、八月下旬から具体的に動いた。私はX氏をまじえて小沢さんとも会ったし、福田さんとも二人だけで会って、大連立への感触を探った。

福田さんと小沢さんの二人のうち、「渡邉―Xライン」の大連立構想に最初に乗っかったのは福田さんだった。

福田さんの考えは、社会保障制度改革に関して、中曽根内閣の「臨調」のような組織か「円卓会議」的なものを作って、そこに両党が加わる形にしたい、というもので、「ぜひ小沢さんとつないでほしい。斡旋してほしい」と言った。今で言う社会保障と税の一体改革のレールを敷こうとしたわけで、福田さんは非常に先見性があった。

福田さんが自民党総裁選で麻生さんを破り、後継首相の座を手にしたのは九月二十三日である。しかし実際は、これよりかなり以前の段階に小沢さんと福田さんは大連立で基本合意に達していた。むしろこの時点では、小沢さんの方がずっと前のめりだった。

小沢さんは、九月二十五日に予定されていた首班指名選挙をいったん延期して、その間に福田・小沢の党首会談を実施して一気に連立交渉に入り、大連立で組閣を行おう——という意見だった。

これに対する福田さんの返事は、確か九月二十日前後だったと記憶するが、「首班指名選挙と組閣まではさせてほしい」というものだった。

総理の座が確定しないと危険と思ったのか、それとも自民党内から反対論が噴き出して総裁の座も危うくなると思ったのか。いずれにせよ、福田さんの対応は引き延ばしだった。

福田さんの返事を「渡邉—Xライン」で聞いた小沢さんの反応を、私は今でも憶えている。

小沢さんは、福田さんの返事を不承不承受け入れて、当面の組閣はできるだけ小幅にとどめ、実質的に安倍「継承内閣」とするよう求めた。そのうえで、こう伝えてきた。「今は参院選で勝った直後だ。だから今なら党内も私の思うようになるが、時間が立てば立つほど私の指導力はなくなっていく」

この伝言を聞いたとき、小沢という人はさすが政治達者な人だと思ったものだ。残念ながら、小沢さんが危惧したとおりになってしまった。このときに福田さんが決断していれば、大連立は実現していたに違いない。

この後も福田さんの慎重主義は続いた。福田さんの組閣は、小沢さんの要求どおり事実上安倍継承内閣となったが、組閣が終わると、今度は「所信表明演説をやらせてほしい」となった。演説を行えば、各党の代表質問も行わないといけなくなる。そうしたら小沢さんは福田内閣に対決姿勢を取らなければいけなくなる。ますます大連立の機運が薄れてしまう。小沢さんは強く反対したが、福田さんは譲らなかった。そして十月一日に所信表明演説が終わると、今度は「予算委員会をやらせてくれ」と言い出す、という具合だった。

ともかく小沢さんの矢のような催促と、福田さんの相次ぐ引き延ばしとで、私は「もうここで一切手を引こう」と何度思ったことか。だが、ねじれ国会をそのままにしたら国政は何も動かなくなる。それだけは避けねば、という一念で、どうにか堪えた。

十月十七日に衆参両院の予算委員会が一巡し、さすがにもういいだろうと思ったら、福田さんは今度は「私は小沢という人とさしで会ったことがないから、ナベさん、会談に立ち会ってくれませんか」と言い出した。

私も新聞記者である以上、外の目に触れないところで橋渡しすることまでが限界で、会談の当事者にはなれない。そう言って断ると、福田さんは「私の代わりに粗ごなししてくれる人はいませんか」と言う。それで森喜朗・元首相を推薦した。福田さんは安心した様子で、「あの人は口が堅いから信用できます」。X氏経由で小沢さんに打診すると、小沢さんも「首相の名代ということなら、森さんでいい」というので、森・小沢の予備会談が行われることになった。

しかし、このときのやりとりでも、小沢さんは「万事急がねば与野党対決ムードが高まり、党内の主戦論を抑えられなくなる」と気にしていた。事実、直近の世論調査で自民党と民主党の支持率が二十七％で並び、民主党内では「総選挙でも勝てる」というムードが蔓延していた。

森さんと小沢さんによる予備会談は、十月二十五日夜に行われた。会談場所は、建て替える前のパレスホテル（東京・大手町）のスイートルームを私が予約した。会談は二人だけで、私は、同じホテルの地下にある和食料理屋に秘書部長と二人で待機した。そのことは森さんにだけ伝え、小沢さんには内緒だった。するとしばらくしてウェーターが森さんではなく小沢さんの伝言を持ってきて、部屋に来てほしいと言う。エレベータで上がると、小沢さんはすっかり上機嫌で、私に酒までついでくれた。自民党十人、民主党六人、公明党一人という閣僚の配分も、小沢さんが無任所の副総理に就任することも、この森・小沢会談で内々決まったことだった。「これでもう大丈夫だ」。私はそう思った。ただこのとき、小沢さんは明るく機嫌がよかったが、森さんは暗い顔で考え込んでいる様子だった。のちに福田さんに聞いたところでは、このとき小沢さんは連立から公明党をはずすことを要求し、森さんはそれを拒んでいたのだそうだ。

福田さんと小沢さんの党首会談は、十月三十日と十一月二日の二度、国会内の常任委員長室で行われた。二度目の会談は、午後三時から、途中二時間ほどの中断をはさんで、午後七時まで続いた。福田・小沢会談で、小沢さんは公明党はずしを譲歩したそうだ。

会談を終えた小沢さんは民主党本部に意気揚々と戻り、そこではじめて居並ぶ民主党幹部を前に大連立構想を披瀝した。

一方、首相官邸に戻った福田さんは、「政策を実現するための体制を作る必要があるということで、新体制を作るのでもいいのではないかと話をした」と記者団に語り、会談が大連立目的であることを公式に認めた。

しかし内心は不安だったのだろう。この直後、私は福田さんから電話を受けている。

「話は全部うまく行ったんですが、本当に民主党はこれでまとまるんですか」

私が「小沢さんが大丈夫と言っているんだから、大丈夫でしょう」と言っても、福田さんは「本当に大丈夫かどうか、もう一度念押ししてください」と頼むので、X氏に電話をして小沢さんに確かめてもらったら、X氏の返事も「絶対大丈夫」だった。それから一時間も立たないうちに、大連立構想は民主党の役員会で否決され、すべてパーになった。

後で聞いたところでは、民主党役員会では、「衆院選で勝って政権を取らないとだめだ」の大合唱だったという。それで小沢さんもプッンと切れてしまい、ご破算にしてしまった。

小沢さんは、自自連立のときもそうだったが、極度の秘密主義だった。世間で小沢側近衆に数えられている民主党の議員にも、「漏れるから言わない」という態度だった。

しかし、連立話がある程度煮詰まってきた段階では、側近議員はもちろん、一定規模のグループの長、たとえば鳩山由紀夫さんや、参院を抑えていた輿石東さんあたりには耳打ちして、党内の多数派工作も同時並行で進めておくべきではなかったか。「自分が言えばみんな付いてくる」という小沢さんの過信が、土壇場で裏目に出てしまった。

大連立構想の挫折で、私が橋渡しをしていたことも小沢さんが記者会見で暴露してしまい、私は他紙や週刊誌で「密室談合の仕掛け人」だとか「新聞記者の分を超えている」などとさんざん悪口を書かれた。

しかし、私は今も間違ったことをしたとはまったく思っていないし、何より、大連立構想が挫折しなければ、今日のような政治の混迷は絶対に避けられたはずだと確信している。

福田さんは、社会保障の「臨調」もしくは「円卓会議」の実現を強く願っていた。このとき自民党と民主党が席を並べることができていれば、社会保障財源のための消費税増税ですぐに一致し、今ごろ消費税は税率十％以上になり、財政も健全化に向かって大きく前進していたに違いない。

税と社会保障改革のこと以上に残念でならないのは、民主党が政権に就く前に行政経験を積んで統治能力を磨く機会が、永遠に失われてしまったことだった。

小沢さんは構想挫折後の記者会見（二〇〇七年十一月四日）で、大連立をめざした理由についてこう語った。

「民主党はいまださまざまな面で力量が不足しており、国民からも『自民党はだめだが、民主党も本当に政権担当能力があるのか』という疑問を提起され続け、次期衆院選勝利は厳しい情勢にある。国民の疑念を払拭するためにも、あえて政権運営の一翼を担い、政策を実行し、政権運営の実績を示すことが、民主党政権を実現する近道だと判断した」

この小沢さんの率直な発言に対し当時、民主党の多くの議員が「侮辱だ」と激しく反発した。しかし、鳩山・菅二代の民主党政権の混乱ぶりを経験した今日、小沢さんがどれほど正しいことを言っていたかがわかる。

「中型連立」で政界再編を

大連立の挫折から五年。今になって「やはりあのとき大連立していれば」と考える人が増えたせいか、私に再び大連立の実現に一肌脱ぐよう持ちかけてくる人が少なくない。二〇一一年九月に政治学者の御厨貴氏との対談を私に持ち込んだ「朝日ジャーナル」も、内心そんな気持ちだったのだろう。

だが、私はもはや大連立は実現不可能と思っている。御厨さんの質問にも、次のように答えた。

――渡邉さんは筋金入りの大連立論者でしたが、いまでも大連立をやるべきだと考えていますか。

今の状況を見るとね、大連立はダメだと思いますよ。

――ダメ？

ええ。保守合同をやったときは、自由党の大野伴睦と日本民主党の三木武吉が一晩話して、だいたい話がついちゃいました。大野さんの後ろには緒方（竹虎）さんや池田（勇人）さんがいた。三木さんの後ろには鳩山一郎さんや河野一郎さん、岸信介さんがいた。そういう本当の実力者が双方に数人いて、談合して保守合同をやった。

ところが、今は、あのクラスの大物が自民党にも民主党にもいないじゃないですか。それで衆院議員が四百人を超す大連立をやったら、統治能力がある人物がいないからとてもまとめられない。だから、やっぱり「中型連立」がいいと思うな。

――中型連立ですか。

自民党も民主党も割れたらいいんだ。だって、自民党だって、メチャメチャなことを言ってる自民党らしくない人がいるんですよ。民主党のほうだって二極化してる。それぞれが異質なものを排除して、同質で安定的で進歩的な保守勢力、中道的な保守勢力が集まればいい。自民党は百名ちょっとしかいないから、まあ十五名とか二十名とかは出てもらうと。民主党は左派を中心に百名ぐらい出てもらうことにして、理想的には衆院で二百八十議席ぐらいかな。

――絶対安定多数ですね。

まあ、衆院で三百議席以下の政党なら、何人かでコントロールできるでしょう。自民党からかなりの数がくれれば衆参のねじれもなくなるから、能率的な立法府の運営ができる。だから中型連立がいちばんいい。（週刊朝日緊急増刊「朝日ジャーナル　政治の未来図」二〇一一年十月十四日、十ページ）

私はいま、知り合いの民主・自民両党の政治家には例外なく「中型連立」を推奨している。中型連立は前提が〝異分子〟の排除だから、必ず政界再編につながる。議席の目安は、先に紹介した絶対安定多数が現在は二百六十九議席なので、少し余裕をみて二百八十程度あれば十分だろう。二百六十でも何とかなる。

この中型連立が今年中に出来るかどうか。これが、日本政治が混沌から脱することができる最後のチャンスになるのではなかろうか。

衆院議員の任期満了は二〇一三年九月。七月には参院選が実施されるので、年をまたげば限りなく衆参ダブル選挙の可能性が高まる。

そこまで選挙がずれてしまうと、橋下徹大阪市長率いる大阪維新の会も、候補者の数をそろえて選挙態勢を万全にするに違いない。みんなの党のようなポピュリスト集団を糾合して、一大ポピュリズム政党が誕生すれば、橋下大旋風の下、民主党も自民党も過半数に届かない事態、つまりポピュリズム政党がキャスティング・ボートを握ることまで現実味を帯びてくる。そうなれば日本の政治は破滅的な状況に陥ってしまう。

私が「中型連立」による政界再編を唱えるのは、反ポピュリズムで現実主義の立場に立つ政治家たちの結集を強く願っているからである。

いまこそ「爛頭声明」を読め

民主、自民両党の諸君には、保守合同前夜の一九五四年四月、当時吉田内閣の副総理だった自由党の緒方竹虎（一八八八〜一九五六年）が出した「緒方声明」をぜひとも読んでもらいたい。「政局の安定は現下爛頭《らんとう》の急務」から始まる、いわゆる爛頭声明である。

私は緒方さんの声明が出たとき、慌てて辞書を引いて「爛頭焦眉《しょうび》の急」という言葉があることをはじめて知った。この書き出しはきわめて有名だが、内容は一般にはあまり知られていない。緒方声明はキャスティング・ボート政治の弊害を強く訴え、ゆえに保守大合同を――と呼びかけているのである。

貴重な政治文書なのに、なぜか全文を掲げた書物がほとんどみあたらない。今の人には「分自党」「改進党」となじみのない政党の名前も出てくるが、大変格調の高い文章なので、私は本書であえて全文を掲載する。なお「分自党」とは自由党から分党し、後に復党した鳩山さん中心の〝党人派〟のことである。

時局を案ずるに、政局の安定は、現下爛頭の急務であって、内外庶政の刷新も、自立経済の達成も、国民生活の充実も、これなくしては到底考えられない。それ故にわが自由党は昨年、比較多数をもって内閣を組織するや態度を謙虚にして専ら同憂諸勢力の糾合に努め、幸いに分自党の共鳴復帰を得たことは世間周知の通りである。

しかしながら、なおもって政局を安定するに足りない。その結果国会の議事は難航し、ひとり政府の施策がその意図通りに行われないばかりでなく、いわゆるキャスティング・ボートによる諸修正は多数決政治の信条をあいまいにし、ややもすれば国会の運営を不明朗ならしむるところ、ゆくゆく議院民主制に対する国民的信頼を薄うせんことを恐るるのである。

しかしながらひるがえって考うるに、いわゆる同憂諸勢力の糾合についてもまた謙虚に反省を要するものがなしとしない。多数党の故をもって、いながらにわが党の主張に同調を求めんとするのは決して大方諸同志の共鳴を得るゆえんの道でない。

ここにおいてわが党は広く天下に宣言し同憂の諸勢力一時に解党してここに清新の地に新党を結成せんことを提唱するものである。すなわち、自改両党の同時解党と新党首の民主的公選とは新党結成の二大骨子をなすものであり、一切の旧套を脱して保守勢力の新生を期するものである。

思うに自由党と改進党と生成自ら由来するところあり、各々政友、民政以来の傾向と伝統を蔵し、今これを解党するは情においてはなはだ忍びないものがあるが、時局の要請は政局の安定と人心の一新を求めて遅疑を許さない。友党の諸賢もまたわれわれと認識を同じうするを信じて疑わない。

緊迫せる内外の諸情勢真に憂慮にたえざるものあり。当面する日本再建の諸問題一として強大なる政治力を必要とせざるものはない。しかもこの事たる長期にわたる保守の建設的努力によるに非ざれば到底不可能の事に属する。思うてここに至れば懼《く》然《ぜん》として任重く道遠きを怖れざるを得ないのである。思うに保守勢力がよく国民の支持を得てこの任に当るには脱皮奮発、自ら新たにして時局の要請に応え得るものがなければならぬ。公明の天地に新党を樹立せんとするのはすなわちその第一段階である。敢て声明する。

（『自由民主党五十年史』上巻より）

当時は右派社会党と左派社会党が統一に動いていた。緒方声明は、革新勢力にキャスティング・ボートを握られることへの強い危機感から書かれたものだった。

革新勢力を在野諸少数政党に置き換えてみればよい。今の日本にそっくりそのままあてはまる。

野田佳彦首相の民主党は衆院の多数を、谷垣禎一総裁の自民党は参院の多数をバックに、「多数党の故をもって、いながらにわが党の主張に同調を求めん」としていないか。財政健全化、ＴＰＰ参加、原発再稼働、沖縄問題の解決……と「諸問題一として強大なる政治力を必要とせざるものはない」のであって、今こそ「一切の旧套を脱して保守勢力の新生」を図るべきではないか。私が「中型連立」による政界再編を強く訴えるゆえんもここにある。

無論、その実現は並大抵のことではできない。相当な政治力と胆力を要することは間違いない。

一九五五年の保守合同のときには、三木武吉（一八八四〜一九五六年）がいた。三木さんは大臣にも議長にも常任委員長にもならず、何も顕職に就いたことがない人だった。それが、犬猿の仲だった大野伴睦さんと二人で一晩話して、保守合同をまとめてしまった。三木さんと言えば鳩山一郎さんの盟友で、自らの手で鳩山内閣を作ったにもかかわらず、鳩山さんに向かって「保守合同のためにはあなたの引退が条件だ」と言って、保守合同の実現に尽くした。

いまの政界は「俺が、俺が」タイプの野心家ばかりである。これでは保守合同のような大事はできない。

「第二の緒方」「第二の三木」が民主・自民両党から出てくるのか。この一点に、日本の政治の行く末はかかっている。

第四章　ポピュリズムの理論的考察

「パンとサーカス」の政治

私は昭和の戦前期、政府や政党、そして新聞までも昭和戦争を謳歌《おうか》煽動《せんどう》する過程で、近衛文麿や山本五十六元帥などを偶像化し、軍国主義への大衆迎合が進展していくのを恐ろしい気持ちで見ていた。

戦後は、民主主義の本山たる米国に赴任、駐在し、テレビ時代に入ってからの大統領選挙を中心とする大衆操作の技術的進歩とその影響力の強大化を見ているうちに、政治が政策より政治宣伝の技術によって動くさまを見た。

この章では、当面の現実政治を離れて、政治家の指導力と政治宣伝の技術について、いささか歴史的、理論的に振り返ってみようと思う。

多くの辞典では、ポピュリズムとは、一九三〇年ごろのダビを代表とするフランスの民衆主義的文学運動と書かれている。政治史上、ポピュリズムとは、一八九〇年代の米国で農民、労組を主体として、既成二大政党に反対して第三党として結成された人民党の運動、または、中南米の農鉱業中心の寡占支配に対抗した都市労働者および中間層を糾合した改革政治のことだ。中南米の場合はカリスマ的独裁政治となったアルゼンチンのペロン、ブラジルのヴァルガス体制のことである。イタリアのムッソリーニやドイツのヒトラーも極端に悪質なポピュリストと位置づけられよう。

しかし、用語自体は十九世紀末以降のものでも、その概念――いたずらに一般大衆の要求や感情に迎合して人気取りに終始する政治のありようは、古代ギリシャ・ローマの時代にさかのぼる。

そもそも民主主義すなわちデモクラシーの語源は、ギリシャ語のデーモス（民衆）のクラティア（支配）に始まる。おそらく政治学史上、はじめて理論的にデモクラシーを研究したのはアリストテレスであろう。アリストテレスは「政治学（ポリティカ）」の中で、多数者の支配であるデモクラシーから現われる「悪い多数者の支配」の弊害を指摘した。

さらに、ローマで活躍したギリシャ人の歴史家ポリュビオスは、政体というものは長期化すると必ず腐敗し、賢人独裁→専制→貴族制→寡頭制→民主制→衆愚制→賢人独裁……というように循環しながら形を変えていく、とする「政体循環論」を唱えた。

日本の現状に照らせば、残念ながら「衆愚制」の段階にあるのでは、と疑わざるを得ない。少なくとも、民主政治が、油断すればいとも簡単に衆愚政治に堕してしまうことは、アリストテレスが指摘して以来、歴史上何度も繰り返されていることである。

その最たる例が、国民が堕落しきった古代ローマ社会の世相を指す言葉として有名な「パンとサーカス」である。

月刊「文藝春秋」の二〇一二年三月号で、三十七年前の一九七五年に発表された論文が再掲載されて大きな話題を呼んだ。

「日本の自殺」と題する論文で、執筆者名は「グループ一九八四年」。当時は誰なのか謎とされたが、再掲載によって、これが中曽根ブレーンの一人で政治学者の香山健一氏らによって書かれたものであることが明かされ、文春新書から刊行された。

この文中に「パンとサーカス」のことが出てくる。

ローマ市民の一部は一世紀以上にわたるポエニ戦争その他の理由で土地を失い経済的に没落し、事実上無産者と化して、市民権の名において救済と保障を、つまりは「シビル・ミニマム」を要求するようになった。

よく知られている「パンとサーカス」(panem et circenses)の要求である。かれらは大土地所有者や政治家の門前に群がって「パン」を求め、大土地所有者や政治家もまたこれら市民大衆の支持と人気を得るためにひとりひとりに「パン」を与えたのである。このように働かずして無料の「パン」を保障されたかれら市民大衆は、時間を持て余さざるを得ない。どうしても退屈しのぎのためのマス・レジャー対策が必要となる。かくしてここに「サーカス」が登場することとなるのである。(中略)

だがこうして無償で「パンとサーカス」の供給を受け、権利を主張するが責任や義務を負うことを忘れて遊民化したローマの市民大衆は、その途端に、恐るべき精神的、道徳的退廃と衰弱を開始したのである。(『日本の自殺』二十〜二十三ページ)

香山氏執筆の「日本の自殺」が発表された一九七〇年代半ばは、日本が奇跡の経済復興を遂げ、米国に次ぐ世界第二の経済大国の地位に登りつめたころである。

そのころすでに、内部の精神的衰弱から自壊した古代ローマのように、日本の経済社会のいたるところに「没落」の徴候が現れている――と、「日本の自殺」は警鐘を鳴らした。

さらに四十年近い歳月を重ね、ポピュリズムが蔓延するいま、没落のペースは加速度的に早まっていると言えるのかもしれない。

ポリュビオスの政体循環論に従えば、衆愚政治の次に出てくるのは賢人独裁となるが、現代社会にあって強力な一人の賢人政治の復活は考えにくい。すると次は「専制」――ナチス・ヒトラーばりの独裁者の時代が到来するのであろうか。

民主主義社会における独裁者の専制（シーザーリズム）について、ジョン・ロックやマックス・ウェーバーなど政治理論を批判的に考察しつつ、「シーザーリズムは強い政府が成功した場合よりも、弱い政府が失敗した場合に生ずることが多い」と論じたのは、ケネディ大統領のブレーンとして知られたアーサー・シュレシンジャー（一九一七〜二〇〇七年）である。

シュレシンジャーは、ケネディの補佐官を務めた後、ニューヨーク市立大教授となり、米国史の著作で二度ピューリッツァー賞をとっている。

一九六〇年代はじめに彼の論文をはじめて読んだときの衝撃は、いまも忘れられない。私はすぐに関連する政治文献を読みあさり、『党首と政党――そのリーダーシップの研究』（弘文堂　一九六一年）と題する本にまとめた。のちに『わが人生記』に、その一部を抜粋・再構成して収めたが、鳩山・菅二代の「弱い政府が失敗した」末に橋下現象が沸き起こっているのを見ると、いまも十分通用するのではなかろうかと考え、次に一項を設けて再掲することをお許しいただきたい。

現代におけるワンマン政治とは

「二十世紀の政治生活は一人の人間による支配に向かう傾向（tendency towards one-man rule）によって特徴づけられる」

と、雑誌「エンカウンター」（The Encounter）の一九六〇年十二月号に掲載された「英雄的指導力について」（原題“On Heroic Leadership and the Dilemma of Strong Men and Weak People”）を、シュレシンジャーは書き出している。

〝ワンマン・ルール《一人の人間による支配》〟とは、何といやな響きを持った言葉だろうか。共産主義国家でさえ、個人の家父長的支配や指導者に対する個人崇拝が批判され、スターリン否定以来たとえ名目的にであれ、〝集団指導制〟に向かおうとする傾向がある時、デモクラシーの本山であるアメリカで、その若い大統領の最高ブレーンの一人が、今さらのようにこの言葉を使うとは……と、この論文を読んだ人は直感するかもしれない。東条の独裁とか、吉田ワンマンの専政とかを思い浮かべる人は、〝英雄的リーダーシップ〟といった新しい言葉に、古い時代への嫌悪感を重ね合わせたくなるとしても無理はない。ナチスの専売特許であった指導者原理は、すでに西欧デモクラシーによって抹殺されていたはずなのに、なぜ新しい米国の若い知性を代表すべき人物が、今さらワンマン支配への傾向を強調し、新しい英雄的指導者の待望論を書き始めたのか？

　シュレシンジャーは、右の冒頭の言葉に続けて、控え目な語調ながら、さらに次のようにつけ加えている。

「この傾向は阻止や逆行も経ているので、決してそれがシーザーリズム（専制政治）に向かって不可抗力的に進行しているという説をなすものではない。にもかかわらず、英雄的指導者を頼りにすることは、十分検討すべきほどかなり一般的な現象になっている」

シュレシンジャーは、若い強力な指導者、つまりケネディ登場のための理論的伏線を敷くために、英雄的指導力理論を持ち出したのだ――としないまでも、宇宙戦略時代に入った米ソ冷戦関係をみるとき、ソ連の強大な生産力と科学技術の力、それらの総合戦力を生み出す強力なリーダーシップを可能にする全体主義政治制度と対決しなければならぬ米国が、その古いデモクラシー理論を補強改造し、武装しなければならぬという新しい要請は、当時としては必然であったのかもしれない。

もっとも、古いデモクラシーの弱さと限界を克服し、新しい、かつ強いリーダーシップを発揮しようとした努力およびその成功の例は、かつてはほかならぬ米国自身の歴史において、われわれは知っている。大統領制の矛盾に苦しみ、政治的には自ら主唱した国際連盟につき、議会に反対されて加盟できなかったという苦い敗北を喫した大統領ウッドロウ・ウィルソンの例がある。一方、大統領の指導力を回復、ニュー・ディール政策で世界大恐慌を克服し、また第二次世界大戦参戦を決して、大統領四選を果たしたF・D・ルーズヴェルトの成功例もある。後者は政治機構の改革と、新政策断行のための勇気と決断と実行の記録であった。（渡邉注＝ただし最近の経済学者の間には、ケインズ政策によるニュー・ディールは成功せず、大恐慌は一九四一年のパール・ハーバーによる世界大戦の軍需景気でやっと収まったのだという説もある）

しかし、古いデモクラシー理論を、政治哲学的立場からその扮飾をはぎとって、あからさまに反省・批判のうえ補強改造すべく提言したのは、シュレシンジャーがはじめてではなかろうか。それは新しいエリートの哲学であり、戦時的民主主義理論である以上の根本的な問題提起を含んでいる。では次にその論旨を要約してみよう。

まずシュレシンジャーは、かつては米国独立宣言の理論的支柱であったジョン・ロックに始まる古典的民主主義理論の欠陥を指摘し、それがなぜ指導力を軽視または無視したかについて、次のような理由をあげる。すなわち、

①歴史上の理由＝デモクラシー理論が特定の個人の、神権（divine right）に対する抵抗の中から生じたという歴史上の理由から、英雄的指導力がなくても、人民（ないし人民の多数）で十分であると強調した。

②イデオロギー上の理由＝平等と多数決主義（majoritarianism）に依拠する伝統主義にとって、ある人々が指導すべきで、他の人々は服従すべきだというような指導力の強調は衝突する。

③道徳上の理由＝指導力の強調は、権力は腐敗するというデモクラシーの信念と対立する。

④感情的理由＝指導力の強調は、優秀な人物を嫉妬するような大衆民主的な昂揚感を逆撫でする。

そしてシュレシンジャーは、これらの理由に重なって、ロック以後の指導力理論のほとんどがエリートの哲学と結びつき、多数者の全能を前提とするロックとは反対に、多数者の無能を前提としようとしたという事実、つまり指導力理論は、ロック的デモクラシーへの武装として反動家や革命家が使ったものだとみなされたという事実のために、デモクラシー理論の側からきわめて危険視されるに至ったという理由をあげる。

古典的デモクラシー理論とデモクラシーの実践との間には、明らかにくい違いがあり、実際上デモクラシーは英雄的指導者を受け入れ、かつしばしば必要とし、要求し、作り出してきている。その理由としてシュレシンジャーは、デモクラシーは機能上、また道徳上、強い指導力を必要とするのだと強調する。

機能上の必要性とは、次のような事実を意味する。政治権力を大衆に与える時、もし政治権力の分散という遠心的効果を埋め合わせるだけの指導力が起こらなければ、決定も目的も望みなく拡散してしまう危険がある。そこでデモクラシーは最初から、そのエネルギーと意欲を統一するために、強力な個人によって人民の志向するところの体現と明瞭化が必要となったのである。シュレシンジャーは、米第三代大統領のジェファーソンでさえ「人間の中に自然の貴族がある」（一八一三年のジョン・アダムスへの書簡）と書いていることを引き合いに出している。

またデモクラシーが道徳上も強い指導力を必要とする理由として、シュレシンジャーは、古典的デモクラシー理論が歴史における個人の役割を軽視する結果、個人から自己の行動に対する責任を除くことによって、歴史から道徳の問題を除いてしまう歴史的決定論になるという点をあげている。つまり、目的の強固な、生き生きとしたデモクラシーは、選択の重要性を信ずること、個人の決断が出来事の成り行きに影響を与えるのだという確信に依拠している、というのだ。

さらにシュレシンジャーは、マックス・ウェーバーの権威の理論を痛烈に批判し、その理論の中には、民主主義的な指導力の問題がどこにも位置を与えられていないと攻撃している。

すなわち、有名なウェーバーの、権威の純粋なタイプの分類、つまり伝統的権威、カリスマ的権威、合法的権威のいずれによっても、民主的指導者の権威について証明することはできない。民主制下の指導者は、太古からの慣習による行為を繰り返す部族の族長のようにも行動せず、合理的で厳しい規制の世界に住む官僚のようにも行動せず、無条件の同意と服従を要求し、受け取るカリスマ的指導者のようにも行動しない。近代デモクラシーのリーダーシップの特徴について、ウェーバーの体系によっては何の説明もできない。ウェーバーの理論に従えば、個人の指導力自体が、官僚制の進行の中で次第に消滅して行くことになっている。ウェーバーの体系の中で、個人の自発性を代表したカリスマは、官僚制化との競争の中で敗退する。

このようにして、シュレシンジャーは、ロック以来の古典的民主主義理論から、最近ではウェーバーの政治論に至るまで、そこには民主主義的なリーダーシップの理論が欠如しており、実際上はワシントンからチャーチルに至るまで、民主的な英雄的指導者の具体例を見ていながら、それをデモクラシー理論の中に体系づけることができないままでいる点を強調している。

「シーザーリズムは強い政府が成功した場合よりも、弱い政府が失敗した場合に生ずることが多いということを認めるであろう」

シュレシンジャーはこう論じて、この論文の末尾に、ニュー・ディール後期に司法次官補として反トラスト政策を推進したサーマン・アーノルドの次の言葉を挿入している。

「我々の知っているどの独裁制も、中央政府が真に困難な事態に直面した時に、権威を行使することをしなかったために、真空状態の中に空気が流れ込むように権力の中に流れ込んで行ったのである」

第一次大戦後のドイツのワイマール・デモクラシーは、ベルサイユ条約による巨額の賠償支払いなどを原因とする異常なインフレがもたらした経済破局と社会不安によって崩壊し、ナチスの台頭となった。当時のドイツのブルジョア・デモクラシーが、理論的にも実際的にも、なぜあのようにもろく崩壊し、野獣的指導者原理に征服されてしまったかは、たしかにシュレシンジャーのいうように、「権力分散という遠心的な効果を相殺するべき指導者」がデモクラシーの内部で充足されなかったためであろう。

当時すでに、ウェーバーやロバート・ミヘルス（ドイツの社会学者）などが、社会集団の組織化の進展にともない、指導者デモクラシーの出現が避けられないことを指摘していた。とくにミヘルスは、当時の社会民主党の実態を研究して、デモクラシーと平等を主張する政党も、戦闘的政党（militant party）としての必然的要請から、その内部で寡頭制化すること（「寡頭制の鉄則」）を実証的に説明した。

しかし一般に、民主主義陣営の理論家たちは、依然として古典的デモクラシーの限界を守り、リーダーシップの問題に新しい観点から取り組もうとしなかった。たとえば、ハンス・ケルゼン（純粋法学を提唱したウィーン学派の創始者）によれば、デモクラシーの理念は「指導者の非存在」（Führerlosigkeit）にあり、ただその理念がただちに現実化しえないために、自由選挙による「指導者の選択」という形をとるものであった。すなわちデモクラシーにあっての指導者の存在は、必要悪としてようやく許されたのである。

古典的デモクラシー理論によっては、第一次大戦後の経済的・社会的不安、資本主義体制の危機、それに対するファシズムの攻撃に対して、デモクラシー自体を防御することはむずかしかった。その弱みにつけこんだのが、ヒトラー・ナチスであった。

一般に大きな社会的不安や経済的危機、戦争の恐怖などが起こったとき、大衆は非凡な能力と人格を持った指導者の権威的支配、つまりウェーバーのカリスマ的支配を待望するようになる。チャーチル、アイゼンハワーに対する英米国民の心情にも、カリスマ的権威に対するそれがなかったとはいえない。（『党首と政党――そのリーダーシップの研究』の序章「新しい指導力の理論」から抜粋）

政治における人気は危険か

今から半世紀以上も前に書いた文章であるが、シュレシンジャーの指摘する「英雄的指導者」と、大衆煽動に長けたデマゴギーをどう見きわめるかという問題は、すぐれて今日的課題である。どちらも大衆の熱狂的人気を集める点で共通するからだ。小泉純一郎首相はロイド＝ジョージ型ポピュリズムの政治家であると私は考えるが、小泉さんを「英雄的指導者」として評価する人は今も少なくない。

政治家の人気というものをどうとらえたらよいか。これは第二章で大隈重信や近衛文麿、鳩山一郎など過去の大衆政治家の系譜を振り返った時にも記したことだが、否定的な側面ばかりを強調するのは不公平であろう。しかし、政治的人気が持つ危険性は、やは十分に注意を払う必要があることは論を待たない。

社会学上、「大衆社会」という語が重要な概念になって来たのは、一九三〇年代、つまりファシズムの興隆によってである。「大衆社会」が、十九世紀の社会形態と区別して認識されるのは、資本主義の発達とともに、機械技術が進歩し、生産力が飛躍的に増大し、産業組織が大規模に合理化された反面、人間が無定形な集合の中にほうり出され、人間と人間とを結びつけていた中世的な第一次的な絆が切断され、孤独や不安や無力感にとらわれる結果、非合理性を生み、衝動的、激情的な性格を濃くして来たからである。

ドイツの社会学者カール・マンハイム（一八九三〜一九四七年）は、このような傾向について、「有機的に結合され、かつ比較的型の小さい集団の中で固く団結しているよりも、はるかに暗示や制御を欠く衝動の爆発や、心理的変化にかかり易い傾向を持っている。このように、近代の産業的大衆社会は、社会においてのみならず、個人的生活においても、もっとも自己矛盾的な行動様式を生む傾向がある」と述べている。なお、マンハイムはナチに追放されて英国に渡って活動、ロンドン大学の教授となり、マルクス主義を批判、独裁体制下の自由主義の危機を論じた。

こうして、一方で、不安で孤独で、衝動的になっている大衆層の増大があり、他方で、少数者の掌中にいよいよ集中する高度の近代技術によって、管理組織は巨大化して、多数の大衆を自由に動かす機構組織が発達し、発達したマス・メディアは、不安で無力感にとらわれた大衆を支配し、操作するためのきわめて有効な手段となっている。

マスコミの発達が、大規模な選挙に、ほとんど決定的とも思われる影響を与えた例は、一九六〇年の米国の大統領選挙に見出される。有名なケネディ・ニクソンの四回にわたるテレビ大討論は、ジョージ・ギャラップ博士の調査によれば、そのうち少なくとも一回は見たアメリカ人の数は八千五百万人とされている。NBCの調査によれば、その数字は一億一千五百万人といわれ、CBSは一億二千万人だとしている。そしてエルモ・ローパー博士の全米にわたる標本抽出の調査によると、投票者の五十七%が、テレビ討論が彼らの支持決定に影響を与えたと考えており、他の六%が、つまり四百万人以上の投票者が、テレビ討論のみによって彼らの投票を決定したという。そして、この四百万人の投票者のうち、二十六%（約百万人）がニクソンに投票しており、七十二%（約三百万人）がケネディに投票した、という推論が出されている。この調査がかなり正確なものだとすれば、ケネディの得票中、三百万票は、テレビ討論のおかげで、ケネディの掌中に入ったものといわねばならない。そうなると、一般投票で、ケネディはニクソンを、僅か十一万三千票しか引き離したに過ぎなかった事実を考えると、当時世界の運命の決定権の半分を持つといわれる米国大統領の選択は、両候補者のテレビ討論によって大衆に与えた印象ないし影響力によって決定されたということができる。

では、そのテレビ討論は、どのようにして行われ、どのようにしてその影響力が行使されたか。

米国の著名なジャーナリストT・H・ホワイト（一九一五〜一九八六年）は、そのピューリッツァー賞受賞作『大統領への道』（原題 The Making of the President 拙訳・弘文堂刊 一九六五年）の中で、このテレビ討論について、心にくいまで精細な分析を試みている。彼はその中で、ニクソンの失敗の原因の一つとして、服装とメーキャップをあげている。

ケネディは、第一回の討論の日に、彼の着ていた白いワイシャツが、テレビ・スタジオの背景と対照上、反射して悪い効果を与える、というので、急ぎ秘書をホテルにやって青いワイシャツを持って来させ、着替えている。一方ニクソンの方は、ホワイトによると、午後おそくなってヒゲが生えた時に、男性がそのひげをかくすために塗る「レイジー・シェイブ」という肌色のパンケーキをつけていたのだが、テレビ出演中に、そのレイジー・シェイブが、汗のためシワがより、画面のニクソンに逆効果を与えた。ニクソンは、元来、白い、すきとおった皮膚の持主である。普通のカメラ写真なら、この透明な皮膚をきれいにうつし出す。しかし、テレビ・カメラは、X線真空管の同類であるオーシコン真空管によって、電子工学的に投射されたものであり、このカメラによると、ニクソンのすきとおった皮膚は、ほんの少しの毛ののびをも映し出すのである。この結果、テレビに現われたニクソンの顔は、目は暗くくぼみ、あご、ほほなどは、緊張のあまり意気沮喪したように見え、彼の顔は、暗い、陰鬱な人間として、数千万の大衆の目に映ったのである。さらに、青いワイシャツとダーク・スーツを着たケネディの映像がくっきりと映ったのに対し、明るいグレイの背広を着たニクソンの輪郭は、すっかりぼやけてしまった。このような、映像効果が、この大国の最高指導者の選択にあたって、大きな影響を与えた事は、多くの学者によって認められているが、そうとすれば、メーキャップの技術の巧拙が、政権の帰趨を決定したということになりはしまいか。さらに、その討論の内容について、T・H・ホワイトは次のように指摘している。

「テレビもラジオも、本性から沈黙という〝死の時間〟を嫌う。経験の長い新聞記者や研究者は、困難な質問に対する考え深く、適切な答えは、多くの場合、長い間の会話の中断の後に出てくるものであること、またその中断が長ければそれだけ、光彩のある考えが出て来ることを知っているのだが、しかし、電子工学的マス・メディアは、五秒以上の会話の中断を許さないのである。放送中の三十秒の沈黙の中断時間は、余りに長たらしく、あきあきするほどに思えるのだ。それ故、二分半の応答をやりとりすることによって、両候補者は、テレビ・カメラと聴視者に反応することしか出来ず、考えることはできないのだ。そして、この時間では、裸の考えの断片と、生の事実の一端をのべることとしか許されない。……すべての問題は、十分論争されずに、二分間の答弁の中に、確実な事実と、確固とした確信となって片づけられてしまった。ゆっくりと、反省や沈思黙考にふけったり、決断の前にゆっくりと質問するために時間をおくことは、どちらの人物にとっても不可能であった。そうすることは、指導者の内なる資質そのものだったのだが」

一九六〇年の大統領選のしばらく後で、私は訪米して、各方面の専門家と会って、テレビ討論の効果と意義について聞いて歩いた。その時、元共和党全国委員長のレオナード・W・ホール氏も、「ニクソンが負けたのはテレビのためだ。しかも負けた理由は、メーキャップの失敗のためだ」と語っていた。またカリフォルニア大学のロバート・スカラピーノ教授は、「あのようなテレビ討論は、廃止すべきだ。米国の最高指導者の選択が、あのような皮相浅薄な論争によって決定されるのは忍び難いことだ」と語っていた。さらに、ミシガン大学のミラー教授は、「米国の大統領選挙の方法は、一九六〇年以来商品販売の宣伝とそっくりになってしまった」ことを強調していた。一方、ケネディびいきの、インディアナ大学のラベス教授のように「今までニクソンを見たこともなくて支持しようとしていた人間が、あのテレビを見ることによって、ニクソンが悪者であるということを認識した点で、非常によい効果があった」との声もあったが。

歴史学者でピューリッツァー賞受賞者であるD・J・ブーアスティン・シカゴ大教授は『幻影《イメジ》の時代』（星野郁美・後藤和彦訳　東京創元社刊　一九六四年）の中で、やはり、この一九六〇年のテレビ討論をとりあげ、次のように最も否定的な解釈をしている。

四回にわたって放送されたこの番組は、放送会社がもったいをつけて独善的に広告したが、国家的大問題を、取るに足らない次元に引き下げたという点では大成功であった。この番組は、「四十万ドルの質問」と呼ぶのがふさわしかったかも知れない。（渡邉注＝四十万ドルは当時の大統領の年俸十万ドルの四年分であるから、賞品は大統領職だと言っている）この番組は、それがいかにして製造され、なぜ人々を魅惑し、またアメリカの民主主義にどんな結果をもたらすかを明らかにする、疑似イベントの臨床的実例となった。

「偉大なる討論」は、発端においては政治家とニュース製造家との混乱した合作であった。大衆の関心は、照明、メイキャップ、討論の規則、メモの使用の是非といった疑似イベントに集中した。大衆の関心は番組で実際に語られた内容よりも、演技そのものにそそがれた。（中略）この討論のドラマは、大部分見せかけのもので、本来の、しかも忘れ去られてしまった問題、すなわちどちらの候補者が大統領としてより適任であるかという問題とは、きわめてあいまいな関連しか持っていなかった。強力なライトに照らされながら、ノートもなしにその瞬間まで知らされていなかった質問に二分三十秒で解答するという能力と、大統領として大勢の顧問の意見を参考にしながら長期にわたる公共問題について慎重な決定を下すという能力との間に、たとえいくらかの関連があるとしても、それは非常に不確かなものにすぎない。（中略）テレビを見ている聴視者は、思慮深い人によって探究された問題についてではなく、両候補者のテレビ・カメラの前での演技力について判断を下すことを余儀なくされた。（『幻影の時代』五十〜五十二ページ）

小選挙区制の罪

実は、前項のケネディ・ニクソンによるテレビ討論のくだりは、佐藤栄作内閣当時の一九六七年に書いた拙文をベースにしている（「人気の危険性」、『派閥と多党化時代』雪華社所収）。

当時ケネディ・ニクソンのテレビ討論は「グレート・ディベート」と言って、米国民を沸かせたし、私も政治の現代的形態として感嘆していたので、ブーアスティン教授の評価に棍棒で殴られたようなショックを感じた。

日本では、一九六三年の総選挙ではじめて行われた池田勇人首相と江田三郎（社会党委員長代行）、西尾末広（民社党委員長）による三党首テレビ討論会は、むしろ「選挙戦のヌーベルバーグ」として脚光を浴びていた。

佐藤栄作さんは、その整い過ぎた容貌と官僚出身政治家特有の持ち味がたたって大衆受けしない人だった。むしろ人気という点では、前任の池田さんや、佐藤さんの政敵だった河野一郎さんのほうが圧倒的に勝っていた。

そのため「人気の危険性」の文章は、この後に続いて、欧米ではテレビの政治利用や政治家の人気の否定的側面ばかり強調されているのに対し、日本では一概にそうではないのは何故か、という点に紙幅を割いて分析している。

彼我の差を生む理由として、一九六七年当時の私は、第一に「我が国の政界分野が、テレビの影響によって政権が移動するほど流動的でないこと」、すなわち「保守の半永久的独裁となっており、総選挙による政権交代が、保守合同以来、長期的に不可能になっている」ことを指摘した。

そしてもう一つ理由に挙げたのが、選挙制度の違いだった。

米国は大統領制という直接民主制であり、英国は単純小選挙区制のため、「我が国と同じ議院内閣制をとっていながら、実質的には直接民主制的性格が強い」ことから、米英両国では「総選挙による大幅な政界分野の変動と政権の移動が可能であり、したがって、党首の〝人気〟が、その政党の勢力の消長に非常に大きな影響力を」持っている。

これに対し日本は当時、中選挙区制を採用していた。

中選挙区単記非移譲という選挙制度をとっている日本では、各国会議員の選挙は、実は党の組織によって行われるのではなくて、個々の議員が日頃培養し、組織している個人後援会によって遂行され、かつ、勝敗を争うのは、多くの場合、対立する政党の候補者の間ではなくて、同じ政党の候補者同士である。こういう選挙では、党首や政党の人気はあまり影響力はなく、候補者個人の日常的選挙運動や資金力、中央で得る役職や、せいぜい所属派閥の親分の力の入れ方で勝敗が左右される。

だから党首のテレビ討論が、直接に総選挙に、決定的な影響を及ぼすことは、ほとんどあり得ない。したがって一九六〇年の米国の大統領選挙で猛威を示したようなテレビの影響力を恐れる必要はない。（中略）

ここで言い得ることは、党首の人気の投票に与える影響や、テレビなどマス・メディアによる政治宣伝の効果は、我が国の現段階の社会状況にあっては、そのマイナス面よりも、プラス面の方が多いことである。都会地はともかく、郡部の有権者は、政策や政治家の人格識見に対する批判力はほとんどなく、町村落の有力者の投票誘導や、買収供応によって、その投票を決定する傾向が強い。このような有権者層に対しては、テレビをはじめ、近代的マス・メディアがその影響力を行使し、政治教育をすることの方が望ましい。（『派閥と多党化時代』百二十～百二十一ページ）

本書を執筆するにあたって四十五年前に書いた自分の文章を改めて読み返し、テレポリティクスの過小評価で大変間違っていたことを自認せざるを得ないが、反面、「改革」の名の下に小選挙区制を導入したことがいかに誤りだったか、再確認した思いがした。なお、この古い拙著は、サントリー文化財団の資金援助により、米国で近く英訳されて出版されることになっている。この時代の日本政治が、どういうわけか、米国の政治学者や政治記者の興味を集めているようだ。

ニクソン・ケネディのテレビ討論にみられるようなテレポリティクスの弊害を防ぐ役割を果たしていた中選挙区制を安直にも廃止してしまった。その代わりに、米国や英国に倣って小選挙区制を導入した結果、日本の政治もとうとう、「ノートもなしにその瞬間まで知らされていなかった質問に二分三十秒で解答するという能力」（ブーアスティン教授）ばかりが求められる「皮相浅薄な論争によって決定される」（スカラピーノ教授）ようになってしまった。

小選挙区制の弊害はそれだけではない。

一九九〇年代初めの政治改革論議を思い出してみよう。

中選挙区制は派閥政治の弊害の根源であり、小選挙区制にして派閥を解消し、健全な二大政党制と、民主的な政権交代が実現すれば、政治は万事理想的になる……と、短絡的発想で〝夢〟を撒き散らしたのは政治学者たちだった。

この学者たちの〝ご託宣〟を鵜呑みにした一部の政治家たちが、自らを「改革派」と呼び、小選挙区制導入に慎重な政治家たちには「守旧派」のレッテルを貼って、冷静な議論など出来ない空気を作り出して中選挙区制を廃止し、小選挙区制を導入した。

この「改革派」という言葉が飛び出したときは特に気をつけたほうがよい。九〇年代の政治改革論議のときは「守旧派」、小泉時代は「抵抗勢力」というように、相手にレッテルを貼って真に必要な議論を封じるのは、大衆を煽動するデマゴーグの常套手段である。

そもそも、小選挙区礼賛論の前提には、民主主義の先進国である英国も米国も小選挙区制だ、という考え方があった。

しかし、英国は第二次世界大戦中は挙国一致の大連立であり、近年は二大政党制が破綻して現キャメロン内閣は保守党と第三党の自由民主党との小連立政権である。米国の場合は、民主党も共和党も、右寄りの「保守」、左寄りの「リベラル」両派の緩やかな連合体であって、党議拘束が緩く、クロス・ボーティングが許容されるため、事実上の四党政治と言われる。両党の「モデレート」（穏健中道派）を加えれば六党政治と言った方が正確かもしれない。

そのような精緻な分析をせず、軽率に導入した小選挙区制がもたらしたのは、国会議員が国益よりも選挙区の地域的利益や、民衆の無知を利用した利益誘導を優先させる大衆迎合政治である。

中選挙区制による弊害とされた自民党の派閥にしても、実際は、次の指導者を育成する機関でもあり、また派閥の長が数人集まって合議すれば、党議が迅速に決定できるなどの効用があった。そうした派閥の機能を否定した結果、リーダーが育たなくなり、小粒な政治家ばかりになってしまった。

本書の冒頭で与謝野馨さんの言葉を紹介したが、三〜五人区中心の中選挙区では、有権者の十五％から二十％程度を支持者につかめば当選したので、候補者は本音の政策や理念を語ることが今よりもずっと容易だった。

ところが小選挙区では、対抗候補より十票、百票でも多くとるため本音を隠し、八方美人の迎合政策を弁じねばならないから、候補者は信念も理想も捨ててしまう。

小選挙区制が、政治家の質を決定的に衰弱させたのは間違いない。そのような制度は可能な限り早く変更しなければならない。

私は、三人区を中心とした中選挙区に戻すことが最良の道と信ずる。

行政区域と人口の比率といった地理的な事情から、三人区だけでは一票の格差が拡大するケースが想定されるので、やむを得ない場合は二人区と四人区を容認する。これなら第一党と第二党による政権交代も起こりやすいし、第三党にも当選の道をひらいて、少数意見を汲み取る政治的妥協の余地も生まれよう。

机上の空論「マニフェスト選挙」

ところで、小選挙区制を「改革」と煽った政治学者たちに対して、もう一つ許せないことがある。二〇〇〇年代に入ってマニフェスト選挙を唱道したことである。

政治学者が中心になって作った「21世紀臨調」（正式名称は、新しい日本をつくる国民会議）は、九〇年代に政治改革の旗を振った「民間政治臨調」の後継組織である。

ここが二〇〇三年七月に行ったのがマニフェスト選挙の提言だ。彼らのホームページから提言を引用しよう。

われわれの考えるマニフェストとは、政党が政権任期中に推進しようとする、政権運営のための具体的な政策パッケージのことであり、①検証や評価が可能であるような具体的な目標（数値目標、達成時期、財源的な裏づけ等）、②実行体制や仕組み、③政策実現の工程表（ロードマップ）をできうるかぎり明確なかたちで示した、「国民と政権担当者との契約」にほかならない。

学者たちの呼びかけに最初に応えたのが、菅直人代表時代の民主党だった。

しかし、行政経験も統治能力もない彼らは、次々と実行不可能な「数値目標」や「達成時期」、「財源的な裏づけ」を公約に盛り込んでいく。

政権交代を果たしたときの二〇〇九年の民主党マニフェストを見てみよう。

ガソリン税などの暫定税率廃止に二・五兆円、高校無償化に五千億円……などと具体的な金額（数値目標）が書いてある。

一年目の子ども手当は二・七兆円、二年目から五・五兆円……と達成時期も書いてある。

そして財源的な裏づけは、「税金のムダづかい」を洗い出して捻出する、とある。学者たちが唱えた〝要件〟は守ったことになるが、このマニフェストに基づいて実際に行われた政治はどうだったか。

鳴り物入りで始めた事業仕分けで捻り出した財源は、マニフェストに盛り込んだ数々のバラマキに必要な額のたった十分の一、約七千億円しかなかった。結局、暫定税率の廃止はあっさり撤回して、それでも財源がまったく足らないため、国債の大量増発に頼ったのである。

民主党政権が最初に編成した二〇一〇年度予算は、税収約三十七兆円に対して、新規国債の発行額は約四十四兆円。国債発行額が税収を上回ったのは、敗戦から四か月後に編成した昭和二十一（一九四六）年度予算以来のことだ。

民主党政権が早々に立ち行かなくなったのは、学者たちが「改革」と煽ったマニフェストのせいであり、民主党だけでなく学者たちにも、現在の政治の混乱を招いた責任の一端があるのは間違いない。

このマニフェストの提言は、二〇〇七年の大連立構想が挫折したときにも、マイナスの役割を果たした。政権の交代は衆院選で行われるべしという、きわめて教科書的、ドグマチックな主張を展開したからである。

政党がマニフェストを意義あるものにしようとするならば、（中略）総選挙↓組閣↓政策決定・政策実施↓業績・実績評価↓総選挙という政党政治のサイクルを実現することを迫られる。それは、これまで進められてきた選挙から政権運営に至る政治改革の試みを、マニフェストという一本の横糸を通すことによって再整理し、政治改革作業全体の立て直しをはかることにほかならない。（21世紀臨調のホームページより）

福田首相との党首会談を終えた小沢一郎民主党代表が党に戻って大連立を提案したところ、他の民主党幹部はいっせいに「選挙に勝って政権を取らないとだめだ」と反対した。読売以外の新聞各紙も「選挙による政権交代が王道」と論陣を張った。民主党が統治能力を磨くせっかくのチャンスを、教条的な学者たちの〝机上の空論〟がつぶしてしまったのだ。

政治学者がばら撒いたマニフェスト至上主義は今もなお、日本の政治に大きな影を落としている。

民主党には、二〇〇九年の総選挙で政権交代ブームに乗って議席を得た小沢チルドレンを中心に、「国民との約束であるマニフェストを守れ」と唱える政治家がいまだに数多くいる。マニフェスト堅持だとか、「増税よりムダづかいを減らせ」と唱えたほうが選挙に有利、と思っているのだろう。完全なる大衆迎合である。

小選挙区制とマニフェスト至上主義が、日本の政治を決定的に悪くした根本原因だ。これらとの訣別が、ポピュリズム政治から脱するためには絶対必要である。

第五章　大衆迎合を煽るメディア

名キャスターの自戒

私がワシントン支局長だったのは一九六八年から七二年で、ジョンソン、ニクソン両大統領の時代だった。ほぼ同じ時期にＮＨＫのワシントン支局長だったのが磯村尚徳君である。彼はその後、ＮＨＫの「ニュースセンター9時」のキャスターを務めて有名になった。

キャスター業に転じた磯村君が〝最良の鑑〟としたのが、ウォルター・クロンカイト（一九一六～二〇〇九年）だと思う。米国テレビ界のアンカーマンの草分けであり、ＣＢＳ

の看板番組のアンカーマンとして十九年間にわたって活躍した。彼のニュース解説は、非常に公正中立な議論であり、教唆煽動的な表現をあえて控えたことから、「大統領より信頼できる人」とまで言われた人物である。

磯村君はワシントン勤務中、テレビジャーナリストとしてクロンカイトに深く感銘していたに違いない。だから彼が帰国してNHKのキャスターになったとき、クロンカイトのスタイルを採り入れたのはある意味で自然の成り行きだった。左右に偏向することなく、淡々とした口調でわかりやすく嚙み砕いてニュースを伝える磯村君のスタイルはとても好評を博したし、私も記憶に焼きついている。

ところがその後、磯村君を模して数々のニュースキャスターが生まれたが、その多くは磯村君とは似ても似つかない亜流ばかりだ。特に、思い入れたっぷりの表情と視聴者の情に訴える口調で、ニュースの最後に左翼偏向的な一言を付け加える某民放キャスターなどは、悪しきエピゴーネンの最たる例だろう。

磯村君が範としたクロンカイトは、抑制的な報道姿勢を貫いたこともあって、テレビの弊害に対して非常に厳しい言葉を吐いている。彼の自伝『クロンカイトの世界』（T

BSブリタニカ　一九九九年）から引用しよう。

テレビニュースは優れた新聞の代わりにはならないということである。国民がニュースの情報源をもっぱらテレビに依存するようになれば、民主主義の屋台骨が危うくなると言っても過言ではない。ニュースの対象としての人物や場所を動く映像で見せることができるという点で、テレビは他のメディアを寄せ付けない。しかし同時にテレビは、今の時代が直面している複雑な問題の輪郭を示しその全体像を説明するという点は不得手である。

確かに、不幸にも新聞を読めない人や読む気にならない人にとって、テレビは世界に対する理解度の水準を底上げするものだろう。しかしそれ以外の人にとって、ややこしい問題をほとんど避けて通るテレビは、求めようとする知識の水準を引き下げるものでしかない。

そもそも、テレビニュースの実質的情報量は、唖然とするほど少ない。三〇分のニュース番組で発せられる単語数は、平均的な新聞一面のせいぜい三分の二でしかない。これでは内外の主要なニュースをカバーすることなど、とうていできない。事実を過度に圧縮し、議論を単純化し、説明を省くというテレビニュースの特質はすべてその時間的制約から来ているのだが、それが多かれ少なかれ、伝えるニュースを歪めている。（『クロンカイトの世界』四百八十二ページ）

テレビ業界を知り尽くした人物の発言だけに、たいへん説得力がある。日本のテレビの報道関係者は腹が立つかもしれないが、こういう自己批判を乗り越えてこそ、テレビに課せられた公共的使命を果たせることになろう。

発言のつまみ食いが政治を歪める

クロンカイトは、テレビの限界として挙げる「時間的制約」がさまざまな問題を惹き起こしていると指摘する。

一つが、「ほんの二言、三言の発言を切り取ってニュースの全体を伝えてしまおう」という報道姿勢を生んでしまうことだ。クロンカイトはこれを「サウンドバイト・ジャーナリズム」と形容した。

サウンドバイト（sound bite）とは、研究社新英和中辞典に「ラジオ・テレビのニュース番組に挿入される録音（画）されたスピーチ・インタビューからの簡潔な抜粋」とある。そこから転じて、今は政治的プロパガンダの手法という意味でも使われるようになっている。つまり、演説や討論の際にわかりやすい刺激的な言葉をあえて使い、テレビニュースで繰り返し放映されるよう仕向ける手法のことで、レーガン大統領のころに確立したと言われる。オバマ大統領の選挙演説の有名なフレーズ「Something is happening in America. That's Change」「Yes We Can」もサウンドバイトの一つだし、小泉純一郎首相の「ワンフレーズ」も同列に位置づけられよう。

クロンカイトが挙げるもう一つの弊害が、「ワンセンテンスの論説」だ。「内容のあるレポートを伝えるだけの時間がないので、記者はその埋め合わせに、レポートをそれとなく気のきいた言葉で締めくくろうとする。しかしそれは、特定の見解に立たない限り難しい」。よって、ニュースの最後に報道対象を批判したり揶揄したりする一言を付け加えてしまう、というのだ。ニュースの客観性を著しく害する某民放キャスターの思い入れたっぷりにひと言いう左翼的コメントも、ワンセンテンスの論説の一種だろう。

クロンカイトはほかにも、「特定の団体や人物を批判するレポートを『なお、当事者側はこれを否定しています』という逃げの言葉で締める」ことや、「新聞が数多くの留保表現を加えることによって慎重を期せるのに対し、時間の制約の厳しいテレビにはそれだけの余裕がない、（よって）事実がねじ曲げられてしまう」ことも、時間的制約からくるテレビ・ジャーナリズムの問題点に挙げている。

このようなテレビの特性が政治と結びついたとき、政治を著しく歪めたものにしてしまう。クロンカイトの指摘は手厳しい。

「サウンドバイト・ジャーナリズム」の最大の犠牲者は、アメリカの政治過程だ。私に言わせれば、それは最近のテレビニュース最大の汚点の一つだ。この手法は、本来あるべき選挙報道の役に全く立っていない。各種の調査によると、一九八八年のアメリカ大統領選挙の際、ネットワークニュースで放送された大統領候補によるスピーチの生の声の長さは、平均で九・八秒しかなかった。たったの九・八秒である。ネットワーク各局は、九二年の大統領選では改善すると約束した。しかし蓋を開けてみれば、平均八・二秒になっていた。約束は守られなかったのである。

ここで前の段落の最後の二行を試しに読み上げてみたところ、かかった時間はちょうど七秒だった。スピーチの中のたった七秒を切り取って意味のある内容を伝えることができないのは、はっきりしている。（中略）

しかし、そのことは多くの政治家に好都合となっている。実質的中身のあることを言わずに済むし、争点に真正面から取り組まず、問題を避けて通ることができるからだ。それに政治家は早くから、テレビ時代に大切なのは言葉よりも映像だということに気付いていた。イメージがすべてなのである。そこでサウンドバイトに加えて、いわゆる「フォトバイト」を設定することが選挙戦の至上命題になる。要するに、夕方のニュースで使ってもらえるような、映像的に魅力ある場面を演出するのである。

（前掲書、四百八十三〜四百八十四ページ）

生粋のテレビ人間による警世の言葉は、テレポリティクスの弊害をあますところなく抉っている。

椿事件で露呈したテレビの手口

日本でも、クロンカイトが憂えたサウンドバイト・ジャーナリズムの代表的なケースがある。

自民党が結党以来はじめて野党に転落し、細川護熙内閣が誕生することになった一九九三年総選挙でのテレビ朝日の報道姿勢である。

テレビ朝日は、久米宏氏がキャスターで平日の夜に放映する「ニュースステーション」、田原総一朗氏が司会で日曜午前に放映する「サンデープロジェクト」というニュース報道番組が二大看板で、ここでの報道姿勢が政権交代機運を盛り上げたという理由で、「細川政権は久米・田原連立政権だ」という評判（?）さえ立っていた。

例えば、九三年七月十三日の「ニュースステーション」では、出演者の朝日新聞記者が「政権交代の可能性が少しでも出る方向にいくとよいのですがね」とコメントし、すぐさま久米氏が「投票へ行きましょう」と畳み掛ける、という具合だ。

このテレビ朝日の報道局長、椿貞良君が九月二十一日に開かれた日本民間放送連盟

（民放連）の会合で、「五五年体制を突き崩そうとまなじりを決して報道した」などと発言していたことが発覚、一時はテレビ朝日の免許取り消しが真剣に検討されるほどの大事件となり、椿君も国会に招致されて証人喚問席に座らされることとなった。

椿君とは、ワシントン支局勤務が重なっていたため、私と椿君はもちろん妻同士も大変親しくしていたので、彼の発言内容を聞いたときは、「なんでこんな馬鹿げたことをしたのか」と非常に驚いた。しかし、友人であっても、彼のしたことは公正中立な放送を求められる放送法に違反する行為であって、同じ言論人として大変恥ずかしいとしか言いようがない。

椿君の民放連会合での発言は、その後、議事録が公表されたが、まさに自民党に対して悪意を持って「サウンドバイト」を仕掛けていたことが明白だ。以下、議事録に記録されている椿君の発言である。

はっきり言いまして「今度の選挙は、やっぱし梶山（静六）幹事長が率いる自民党を敗北させないとこれはいけませんな」ということを、本当に冗談なしで局内で話し合ったというのがあるんです。もちろんこういうことは編成局長には申し上げてはあ

りません。これは放送の公正さを極めて逸脱する行為でございまして。（笑い）

（中略）

梶山幹事長と佐藤孝行総務会長が並んで座っていまして、何かヒソヒソと額を寄せて話しているとか薄笑いを浮かべている映像を見ていますと、あの時代劇の悪徳代官と、それを操っている腹黒い商人そのままなんですね。そういうものをやはりわれわれは家庭に送り出すことが出来たし、茶の間一般の受け取る視聴者はそれをはっきりと見てきたわけなんです。

（中略）

「テレビのワンシーンは新聞の一万語に匹敵する」というのも私の信念です。そういう立場でこれからの政治報道をやっていきたいと思います。（一九九三年十月二十三日付朝刊「読売新聞」）

クロンカイトの言葉を思い出してほしい。

「テレビニュースは優れた新聞の代わりにはならない」「国民がニュースの情報源をもっぱらテレビに依存するようになれば、民主主義の屋台骨が危うくなる」「ややこしい問題をほとんど避けて通るテレビは、求めようとする知識の水準を引き下げるものでしかない」……。

テレビの弊害を自覚して常に客観中正であろうとしたクロンカイトと、意図的に「テレビのワンシーン」で世論操作を行い、それを得々と自慢する椿君と。その落差の激しさに驚くと同時に、政治に与えるテレビの危険性を再確認する思いだ。

こう言うと、読売新聞が鳩山・菅の両政権に厳しい社説を掲載したことなどを例にとって、「読売も特定の政党を批判したりするではないか。椿事件とどこが違うのか」と思う人がいるかもしれない。

読売が誤った政策を推し進める勢力や不正を犯した者を糾す場合、その批判は必ず法律や社会常識・道徳に裏打ちされ、論理的・体系的である。なぜ誤っているのか、なぜ不正とみなすのか。どんなに複雑なケースであっても、紙幅をそのぶん多めに割いて丁寧に説明を尽くす。新聞には、それが出来る。

ところが、テレビは「時間的制約」（クロンカイト）から、新聞のように丁寧かつ論理的に説明することが容易ではない。

その制約を十分自覚して、客観公正に努めて抑制的な報道をするならいざ知らず、椿君は、あえて「悪代官」然とした政治家のワンシーンを繰り返し放送することで、つまりイメージで世論を誘導しようとしたのだ。それは読売が常に心掛けている、論理的に不正や誤りを糾す姿勢とは、まるっきり別物である。

あるいは私が二〇〇七年の大連立構想で橋渡し役をしたことを例に挙げて、「ナベツネだって政界仕掛け人じゃないか。椿氏を批判する資格があるのか」などと難癖をつける人間もいるかもしれない。

読売が当時、社説で大連立の必要性を唱えたのは確かだ。しかし、それは主筆である私が水面下で橋渡しをしていたから、などという低レベルの理由ではない。後述する社論会議や論説委員会での徹底した議論を経て、「社論」として確定させたうえで掲載したものだ。

その内容はあくまで論理的である。

予算案は衆院が優先するといっても、予算関連法案が成立しなくては、予算が執行できない。国民生活にも重大な影響が及ぶことになる。

仮に、与党が次の解散・総選挙以降も衆院での多数を維持し続けられるとしても、三年後の参院選でも過半数を回復するのはきわめて難しい。六年後も難しいだろう。となれば、国政は長期にわたり混迷が続くことになりかねない。

こうしたいわば国政の危機的状況を回避するには、参院の主導権を握る野党第一党の民主党にも「政権責任」を分担してもらうしかないのではないか。つまり「大連立」政権である。(二〇〇七年八月十六日付朝刊「読売新聞」)

読売紙上での「大連立」の主張が、椿君のような、公共性が強く求められる電波を悪用した世論誘導とはまったく異なるものであることは、これだけでもおわかりいただけるだろう。

椿君はちなみに、国会の証人喚問(九三年十月二十五日)で、「仲間うちの勉強会だったので脱線した暴言を吐いたが、放送が公正であるべきだということはもちろん頭に入っている」などと釈明して、「個人的な見解」「公正中立の方針から逸脱していない」という立場を押し通した。

しかし、椿君は、この事件を起こす十年前の一九八二年に業界雑誌に寄稿していて、「私は、これまで報道した時、公正であったこと、中立であったこと、クールであったことは一度もない」「東京大学の安田講堂の攻防戦の時、ろう城していた学生たちに、たいへんな同情と共感をもって、建物の壁に書かれた落書きを読み上げた」などと自慢げに書いている。

椿君はサウンドバイト・ジャーナリズムの確信犯である。彼が日本のテレビ史に一大汚点を残したのは間違いない。

ネット・ポリティクスの危険

クロンカイトが強く警告し、椿事件という形で日本でも実際に起きたテレポリティクスの諸問題は、インターネットが発達した現代社会では、ツイッターのようなネットメディアにおいて、より猛威を振るう可能性を秘めている。

橋下徹大阪市長について論じた第二章でも指摘したが、ネットメディアの特徴は、情報が断片的かつ瞬間的であることだ。クロンカイトの表現を借用すれば、〝断片的・瞬間的制約から、事実を過度に圧縮し、議論を単純化し、説明を省く結果、事実が捻じ曲げられてしまう〟危険がきわめて高まる。

しかもネットの場合、匿名性が高いという特性を悪用して、無責任な言論、他人の名誉に対する毀損行為、流言飛語、猥雑で反社会的な情報の流布がやり放題だ。

小泉純一郎首相がテレビを効果的に政治利用したように、ネットメディアを積極的に利用する政治家が出現すれば、例えば情報源をネットにかなり依存している若者層には、大きな影響を及ぼすのではなかろうか。それも欠点を意識して抑制的に使うならまだよいが、最初から悪用する目的で利用する政治家が現れたら……。考えるだけで恐ろしい。

評論家の山崎正和氏は、ネット社会の問題点について次のように語っている。

「もう一つ心配なのが、大衆社会がより悪くなることだ。ブログやツイッターの普及により、知的訓練を受けていない人が発信する楽しみを覚えた。これが新聞や本の軽視につながり、『責任を持って情報を選択する編集』が弱くなれば、国民の知的低下を招き、関心の範囲を狭くしてしまう。ネット時代にあっても、責任あるマスコミが権威を持つ社会にしていく必要がある」（二〇一一年一月十日付朝刊「読売新聞」）

まったく同感である。古典や新しい学問への関心や勉学を怠り、新聞も本も読まなくなった若者が、携帯端末を片手に無意味なゲームやメール交換で貴重な時間を潰している。国民の文化や民度の劣化を招く事態であり、「衆愚」の量産になりはしないかと憂うばかりだ。

活字ジャーナリズムの役割

この流れに対抗するために、新聞、書籍、雑誌などの活字ジャーナリズムの役割はますます重要となってくる。その役割とは、一時のセンセーショナリズム、スキャンダリズムに流されることなく、体系的な思想や文化を国民に伝えることにほかならない。ネットの利便性まで否定するつもりは毛頭ないが、活字というものは絶対必要だ。例えば、新聞の社説を読んでもらえばわかるが、その主張は必ず体系的かつ論理的である。ツイッター情報の対極にあるものと思ってもらってよい。

特に読売新聞の場合は毎週三時間、「社論会議」を開いて、主筆の私以下、社長、論説委員長、編集局長ら編集関係の役員約十人が集まり、徹底的に議論している。論説委員会では、委員長の下、二十人前後の論説委員が毎日一時間以上議論して、その日の社説の内容を決めている。

よその新聞社には、個々の論説委員が自分の書きたいテーマを書くことを許している

欧州主要国の付加価値税率（単位・％）
（日本新聞協会2011年３月作成資料より）

国名	標準税率	新聞	雑誌	書籍
ベルギー	21	0	0	6
デンマーク	25	0	25	25
フランス	19.6	2.1	2.1	5.5
ドイツ	19	7	7	7
ギリシャ	23	6.5	6.5	6.5
イタリア	20	4	4	4
オランダ	19	6	6	6
ポルトガル	23	6	6	6
スペイン	18	4	4	4
イギリス	20	0	0	0
スイス	8	2.5	2.5	2.5

会社もあるようだが、これでは「個論」だ。
読売では、消費税増税であれ原発再稼働の問題であれ、原案を起草するのは経済部や科学部出身の論説委員であっても、必ず論説委員会全体で議論するし、最終的には主筆の指揮下にあり、社論会議のメンバーである論説委員長が了承することで「社論」となる。この筋道は完全に確立している。

新聞を購読する層を維持・拡大していくことこそ、日本人の知的劣化を防ぎ、国力の源泉ともいえる知的基盤を支える最善の道であると信ずる。

ヨーロッパの主な国では、新聞・書籍・雑誌について、付加価値税は無税もしくはかなりの軽減税率が適用されている。これは活字こそが、国民を教育し、その国固有の文化を守る礎となると位置づけられているからだ。

日本でも、中曽根内閣で売上税導入が検討された際、私は山中貞則さん（当時自民党税制調査会長）と尾崎護さん（当時大蔵省主税局審議官）が二人で検討作業をしていた部屋に直談判に行き、「活字文化非課税」の約束を取り付けた。中曽根さん自身は「コメは非課税です。活字も人間の頭脳にとってのコメです。よって非課税とします」と言ってくれた。ところが、読売以外の新聞各紙は売上税導入に軒並み反対で、これを潰してしまった。

今は朝日新聞はじめ主要全国紙はどこも消費税増税に賛成の論陣を張っている。日本新聞協会は「軽減税率を導入して、活字文化は非課税に」と主張している。その主張自体は結構なことだが、それならなぜ売上税のときに賛成してくれなかったか、と恨み節も言いたくなる。

当時の反対論は、低所得者層にも納税義務がかかることをもって「弱い者いじめだ」という短絡的な発想だった。マスコミ界の大勢が、税制についてはポピュリズムに流されていたと言うしかない。

「脱原発」論調に対する疑問

新聞各紙が重要な政治テーマや政策課題について論説を戦わせることは、互いを切磋琢磨することになるし、ひいてはテレビやネットに対する新聞の優位を高めることにつながると思うので、大いに行うべきだと考える。

そこで、わが読売のライバル紙「朝日新聞」の最近の論調について述べてみたい。

朝日新聞は、売上税や竹下内閣の消費税導入当時とは〝宗旨替え〟して、現在は消費税増税の必要性を堂々と主張するようになった。TPP（環太平洋経済連携協定）への参加でも、読売の主張と足並みをそろえている。

朝日と読売の論調で大きく異なるのは、原発問題に対するスタンスである。

読売は、日本のような資源小国では、原発の安全性を高めて活用していくことが現実的な選択だ、という立場である。

ドイツやイタリアのように近隣国から電力を買えない日本が、「脱原発」でやっていけるとは到底考えられないし、むしろ、福島第一原発事故から得られた教訓を生かし、世界の原発の安全性向上に貢献することが日本の責務ではないかと考える。原発の増設を計画する中国やインドなど新興国にも、日本が積極的に原発を輸出し、安全操作の技術を供与することは、原発事故のリスク低減に役立つ。そのためにも、日本は引き続き原発をエネルギー源の有力な柱と位置づけるべきである。

これに対し朝日の主張は、二〇一一年七月十三日付朝刊の社説特集で、「原発ゼロ社会」を次のように高らかに掲げた。

日本のエネルギー政策を大転換し、原子力発電に頼らない社会を早く実現しなければならない。(中略)なにしろ「止めたくても止められない」という原子力の恐ろしさを思い知った。しかも地震の巣・日本列島の上にあり、地震が活動期に入ったといわれるのだ。再び事故を起こしたら、日本社会は立ち行かなくなってしまう。

そこで、「原発ゼロ社会」を将来目標に定めるよう提言したい。

この後、将来的に太陽光と風力の再生可能エネルギーで賄える経済社会構造にしていこう、と呼びかける文章が続き、したがって原発の再稼働は急ぐなとブレーキをかけ、核燃料サイクル政策も白紙に戻すべきだと主張している。この姿勢は事故から一年以上たった現在もまったく変わらない。

しかし、朝日が将来有望と推奨する太陽光と風力は、日本の全発電量に占める割合がわずか〇・八％に過ぎない。

なぜ一％にも満たないかと言えば、日本列島は平地が少ないうえ、天候に大きく左右される太陽光や風力の適地、すなわち絶えず晴れていて、絶えず風が吹いているような地域がなかなか見当たらないからだ。海洋上に風車を置いて発電するというプランも、それ自体が高コストであるし、海洋上から地上にパイプを通じて運ぶうちに電力が消耗してしまい、効率がきわめて悪い。太陽光パネルも、百万キロワットの原発一基分と等しい電力を確保するには、山手線の内側すべてを敷き詰めるだけのパネルを必要とする。

これほど非効率な太陽光と風力に莫大な補助金を投じても、十倍の八％にするのにも十年以上の歳月を要するのは確実だろう。これでは、全電力量の二十九％を占める原発の代替エネルギーに到底なり得るはずがない。

朝日の主張は、太陽光や風力で賄えるようにするまでの〝つなぎ〟をどうするかもあいまいだ。原発再稼働を一切認めないなら、三割分の電力がただちに不足する。新興国の需要拡大やイラン危機などでコスト急上昇中の石油や天然ガスへの依存度を高めれば、電力価格を押し上げるのは間違いないし、温室効果ガスの排出増加という副作用もある。水力の割合を増すにはダムの建設が必要であり、いますぐの代替エネルギーとならない。

つまり朝日の「原発ゼロ社会」の社説は、実現可能性を度外視して、「夢物語」を語っているに等しい内容なのである。

夢を語るだけならまだしも、朝日は、原発に対する不安を読者に撒き散らしている。二〇一一年十月に始まった長期連載「プロメテウスの罠」（二〇一二年に学研が単行本化）に載った「我が子の鼻血、なぜ」は、その代表例だろう。

東京都町田市の主婦、有馬理恵（39）のケース。6歳になる男の子が原発事故後、様子がおかしい。4カ月の間に鼻血が10回以上出た。30分近くも止まらず、シーツが真っ赤になった。

近くの医師は「ただの鼻血です」と薬をくれた。しかし鼻血はまた続く。鼻の奥に茶色のうみがたまり、中耳炎が2カ月半続いた。

医師に「放射能の影響ではないのか」と聞いてみたが、はっきり否定された。しかし、子どもにこんなことが起きるのは初めてのことだ。気持ちはすっきりしなかった。（『プロメテウスの罠』百二十九ページ）

この主婦はこの後、広島の原爆でも同様の症状が起きていたと別の医師に教えられ、放射能の対策をとればいいと考え、「やっと落ち着いた」と記事は続く。

この「鼻血」記事について、経済学者の池田信夫氏は「原発から約250キロ離れた町田市で子供が鼻血を出した原因が放射能であることは、現代の科学では考えられない。事実この記事も、後のほうで申し訳のように『こうした症状が原発事故と関係があるかどうかは不明だ』と書いているが、全体としては『本当は関係があるのだが証明できない』とにおわせる印象操作だ」（『原発「危険神話」の崩壊』 PHP新書 二〇一二年、八十七ページ）と厳しく批判している。

私が朝日の「鼻血」の記事を読んで思い出したのは、保守派の論客・福田恆存氏が一九五四年に「中央公論」誌上に発表した「平和論にたいする疑問」である。

平和論とは、ソ連が崩壊した今となっては死語かもしれないが、これを唱道した進歩的文化人は、米ソの激突は核戦争という人類史上未曽有の悲惨をもたらすと不安を煽り、非武装・中立や核兵器廃絶、米軍基地反対などの政治的主張を推し進めようとした。

朝日新聞が一九七二年の元旦に掲載した見開き社論特集――「日米安保体制の解消に至る道すじを周到かつ冷静に討議」して、「中立化の方向で国民的合意の形成」を図るよう呼びかけた――などは、平和論の典型といえよう。

福田氏の「平和論にたいする疑問」は、平和論者たちが「米軍基地の周辺は平穏素朴な生活が失われ、風紀が乱れ、学童に悪影響を及ぼす」というように基地問題と学校教育を結びつけるロジックの欺瞞性を指摘したものだった。この一文が掲載されると、進歩的文化人から「中央公論」に抗議が殺到するなど大変な反響を呼んだ。

私が「鼻血」の記事で思い出したのは、次の一節である。

ある平和論者は私に向ってこういったことがある――「ぼくは今度第三次戦争が起ったら、人間というものに絶望する」と。私はそのとき、こんなおもいつめた生きかたをしていたら、どんなに苦しいだろう、いや、これで毎日よく生きていられるとおもいました。もっとも、そのくらいまでおもいつめなければ、ああ景気よく平和平和といってはいられないわけだと感心もしました。
だが、たとえ平和論でも超絶対主義は困ります。戦争が起きたら、すべては水泡に帰するという考えかたは、戦争に敗けたら日本人は生きるかいなしとおもいつめた国粋主義者のそれと似ています。（中略）
私の言いたいのはこういうことです。たとえアメリカの軍事基地が地元にあるままでも、学童教育の問題は解決できるということ。もちろん絶対的解決などというものはありません。しかし、現状よりもよくすることはできるはずです。ところが、ひとびとは基地の教育問題を、平和論を支える一本の柱として利用しているだけで、じっさいに事態を改善しようなどという意図は毛頭ないのです。それどころか、おそらく多くの平和論者は、事態が悪化しているときけば、平和論の支柱の太くなったことを喜びそうな気配があります。（『福田恆存評論集　第三巻』　麗澤大学出版会　二〇〇八年、百四十四〜百四十五ページ。原文は旧かな旧字体）

朝日をはじめ脱原発論を唱える人々は、子どもの鼻血に不安を抱く主婦の気持ちを〝脱原発を支える一本の柱〟として利用し、放射能への不安が日本国内にさらに広がれば〝脱原発の支柱が太くなる〟とさえ思っているのではなかろうか。

原発がなくなれば放射能の不安はなくなる、という発想は、福田氏が指摘するとおり、戦前の国粋主義にも似た「超絶対主義」である。

そのような発想に取り憑かれている人たちに、百ミリシーベルト以下の低線量被曝の人体の影響については科学的に証明されていない、とどんなに説いても納得はしないし、福島の事故を受けて原発アレルギーが一気に強まった風潮の中では、「本当は関係があるのだが証明できない」という印象操作に打ち勝つのは容易ではない。

しかし、国民の不安を掻き立てるだけの報道は、絶対に許されないことだ。

人間ドックでCTスキャンやレントゲン検査を受けても被曝するし、飛行機で海外を飛び回るビジネスマンも被曝する。世界には、土壌に放射性物質が多く含まれているために自然放射線の高い地域がある。例えばイランのラムサールは被曝線量が年間十ミリシーベルトにのぼるが、健康被害が出たという報告はない。そうした情報を丁寧に伝えることで、「そんなに神経質にならないでも大丈夫だろう」と納得してもらうほうが、子どもの鼻血に不安がる主婦をあえて記事で取り上げ、「私の子どもは大丈夫かしら」などと不安の連鎖を惹き起こすよりも、言論人としてははるかに正しい姿勢ではないか。

それは、読売が日々の報道で心がけていることでもある。

ちなみに、気象研究所地球化学研究部は、一九五〇年代後半から半世紀にわたって人工放射能（ストロンチウム90およびセシウム137）の月間降下量を長期観測している。

このデータグラフをみると、史上最悪の原発事故であるチェルノブイリ事故（一九八六年）直後の降下量は、実は、米ソ両国が原爆・水爆実験を競った一九五〇年代後半から六〇年代半ばまでの降下量とほぼ変わらない（Artificial Radionuclides in the Environment 2007）。しかし、そのころ生まれた四十歳代後半から五十歳代の壮年男女に、他の年代の人よりもがん死が多いとはまったく聞かない。

福島第一原発事故で大気に放出された放射性物質は七十七万テラ・ベクレル（原子力安全・保安院発表）だが、チェルノブイリ事故の放出量は、福島の七倍近い五百二十万テラベクレルだ。

事故で避難を余儀なくされた福島の人たちが心配するのは当然だとしても、少なくとも東京に住む主婦に対しては、「過去のデータから類推して常識で考えれば、心配し過ぎのほうがむしろ健康に悪いですよ」とアドバイスしたほうが、むしろ医学的に正しいのではないか。

もっとも、意図的に国民の不安を煽って、「脱原発」を支える柱にしようとたくらんでいるのなら、そんな悪意を持った人たちに常識を説いても無駄だろうが……。

第六章　日本をギリシャ化させないために

忍び寄る経済破綻の危機

日本はこのままでは「第二のギリシャ」になるのではないか――。二〇一〇年に表面化したギリシャ危機がヨーロッパ経済、世界経済の最重要課題になって以来、日本のギリシャ化というテーマは、経済学者を中心に大きな論点となっている。

日本にとってギリシャ化とは、国債暴落と金利高騰を引き金とする経済破綻の危機を意味するのだが、そのことを論じる前にギリシャ危機の経緯を簡単におさらいしておこう。

二〇〇九年十月、ヨルゴス・パパンドレウ率いる政党「全ギリシャ社会主義運動」が政権を奪回し、コスタス・カラマンリス前政権が財政赤字を過少計上していたことを暴露した。二〇〇九年財政赤字見通しは名目GDP（国内総生産）の三・七%と見積もられていたが、実際は十二・七%だったと公表した。統計データへの信頼は失墜し、ギリシャの債務返済能力が疑われた結果、国債の格付けが引き下げられた。

ギリシャ経済がEU（欧州連合）経済に占めるウェートは、GDP換算で三%にも満たなかった。ところが、ギリシャ発の信用不安は、同様に財政赤字を抱えるポルトガルやアイルランドにも波及、ユーロの信認まで揺るがす事態に発展した。

翌二〇一〇年五月、ユーロ圏とIMF（国際通貨基金）はギリシャに対し、三年間で総額千百億ユーロ（約十三・六兆円）の支援を行うことで合意した。財政危機に陥った国に巨額融資を行う欧州金融安定化メカニズムの創設も打ち出し、危機はひとまず収束するかに見えた。

ところが、支援の条件となった年金カットや増税などの赤字削減策に反発したギリシャ国民がデモ、ストライキの挙に出たため、二〇一一年に入って危機が再燃。信用不安はスペイン、イタリアにまで拡大した。ユーロ圏とIMFは七月に第二次支援策を決めたものの、各国の足並みが乱れて支援策が滞った。「ギリシャがユーロ圏から離脱するのでは」という観測が広がると、ギリシャ国債が暴落、二〇一〇年当時は高くても十二%程度だった長期金利は急上昇し、二〇一一年十一月には三十%を超えた。

その後、後述するように「大連立」政権が発足して第二次支援策が実施に移されるめどがついたことから、金利は一時二十%を下回った。ところが、その大連立政権が二〇一二年五月の総選挙で過半数割れを起こして、六月の再選挙でようやく過半数を回復するというように、政治体制が依然として不安定のため、危機を完全に脱したとは言えない状態である。

日本の場合はどうか。経済破綻の引き金を引く可能性が高いのが、日本が抱える約千二百兆円もの政府債務であるのは間違いない。

いまのところ国債価格は適正で長期金利も低く、日本国債に対する国際的な信認は根強いものがある。しかし、これから先、政治が財政金融政策を一歩誤ると、ギリシャのように国債の暴落、金利の高騰を惹き起こし、いまは八十円前後で推移している円の価格もどう変化するかわからない。

こう言うと、「日本には約千五百兆円の個人の金融資産があり、国債の保有者の約九十％以上が日本国民と日本の金融機関だから心配ない」という声が出てくるが、私は楽観的過ぎると思う。

国と地方を合わせた債務残高は九百四十兆円にのぼるし、国民の金融資産約千五百兆円から住宅ローン等の債務を差し引くと、あと二百兆円程度で日本の財政は債務超過状態になる。そうなったとき、投機筋が日本国債を大量に売りに出せば国債は暴落し、金利が高騰する。設備投資などで金融機関から融資を受けている各企業は、利払い費が一挙に膨れ上がり、投資や生産活動に支障をきたし、国全体の経済が悪化する。

そうでなくても日本は二〇三〇年代から人口減少のペースが加速し、二〇五〇年には今よりも二割以上少ない約九千七百万人、労働力人口も約三割減の四千四百万人まで減る。高齢者一人を約一・三人の現役世代で支える超高齢化社会に突入する。

米国に次いで二位だったGDPは、中国に抜かれただけでなく、経団連の研究機関「二十一世紀政策研究所」の試算によれば、政府債務の膨張が成長を妨げる悲観シナリオに立つと二〇五〇年にはインド、ブラジル、ロシア、英仏独にも抜かれて世界九位、つまりG7、G8の地位から脱落する恐れすらある。

エネルギー危機にも十分気を配っておかねばならない。核開発を続けるイランが、米欧の制裁強化に反発してホルムズ海峡を封鎖する事態もあり得る。ホルムズ海峡で軍事的衝突が勃発すれば、原油が暴騰するだけでなく、便乗してＬＮＧ（液化天然ガス）も上昇する。全発電量の三割を賄っている原子力発電所がすべて停止している現在（二〇一二年五月末）、原油・天然ガスの高騰は、一九七〇年代の二度のオイル・ショックをはるかに上回るインパクトを日本経済に与えかねない。

エネルギー源の逼迫から電力が恒常的に不足する状態になれば、日本の企業は安価で安定した電力を求めて海外に生産拠点を移すようになる。そうなれば国内の雇用は失われ、個人消費は落ち込み、国民生活は窮乏する。法人税収も減収して財政状態はさらに悪化、いま政府が検討する消費税の八％、十％への段階的引き上げでは到底追いつかない状態に陥り、「第二のギリシャ」への道が現実のものとなる。

「迎合」競争が招いた悲劇

ギリシャ危機でもう一つ忘れてはならないのが、二大政党が大衆迎合的な政策を競ったことが財政悪化を招いたことだ。

民主・自民両党の不毛な対立からポピュリズムの蔓延を招いた日本にとって貴重な教訓を多々含んでいると思うので、村田奈々子氏の『物語　近現代ギリシャの歴史』（中公新書　二〇一二年）を参照しながら、ギリシャの戦後史を振り返ってみたい。

ギリシャの「戦後」は日本のそれとは大きく異なる。一九四四年に独伊枢軸国の占領から解放されたが、共産主義者と右翼・王党派の対立から、「兄弟殺し」という言葉が生まれるほどの凄惨な内戦に発展した。米国がトルーマン・ドクトリンの下、軍事・経済両面で強力な援助を始めたことで一九四九年にようやく内戦が終了したものの、今度は軍事政権が誕生してしまう。民主政体ができるのは、軍事政権が崩壊する一九七四年まで待たねばならなかった。

ところが、ギリシャの悲劇はむしろここから始まる。コンスタンディノス・カラマンリスが率いる保守系の「新民主主義党」と、アンドレアス・パパンドレウ率いる左派政党「全ギリシャ社会主義運動」による二大政党対立の時代が幕を開けるからだ。

軍事政権崩壊当時、ギリシャのインフレ率は二十六・四％にのぼり、国際収支の赤字は増加する一途だった。にもかかわらず最初に政権の座に就いたカラマンリスは、左派政党との対抗上、最低賃金を決め、公務員給与を増やすなど大衆迎合政策を採ってしまった。

これに対抗してパパンドレウが掲げたのが、オバマ米大統領の「チェンジ」にも似た「変革」というワンフレーズ・スローガンだった。

PASOK（渡邉注＝「全ギリシャ社会主義運動」の略語）の「変革」は、おもにふたつの要素から成り立っていた。ひとつは、先に述べた「ギリシャ人のためのギリシャ」を目指すこと。もうひとつは、社会主義政党を標榜する政党らしい「特権なき人々のための政治を実現する運動」だった。「ギリシャ人のためのギリシャ」がギリシャ人のナショナリズムを高揚させたように、「特権なき人々」と言う表現は、ギリシャ人の平等心をくすぐった。ギリシャ人の多くは、自分たちを特権的な立場にあるとは考えていなかった。したがって、誰もが、平等に党に参加することができた。PASOKは、保守派の政治と「エリート」に反感を持つすべての社会集団から支持を得た。問題だったのは、PASOKを支持した人々が、具体的な要求を持たず、自分たちにもそれが何なのかわからなかったことだった。PASOKは、「変革」という曖昧な期待を抱かせるスローガンのもと、現状に漠然とした不満を抱く大衆を結集する、民

衆迎合的な手法を発達させた。（『物語　近現代ギリシャの歴史』二百六十九〜二百七十ページ）

パパンドレウは一九八一年の総選挙で大勝し、政権を掌握した。インフレ率が依然として二十%を超える中、賃金スライド制や金融緩和策をとって「国民に気前よく再配分することを、パパンドレウは躊躇しなかった」（前掲書、二百七十二ページ）。問題だったのは、その財源をすべて借金で賄ったことだった。パパンドレウは投票の見返りに公的機関や国営企業の職を与えることまで行った。

カラマンリスも、一九九〇年に政権をいったん奪回するものの、大衆迎合でパパンドレウに対抗する道を選んだ。

人々にとって重要だったのは、どちらの政党が、自分たちをより「甘やかして」くれるかということだった。どちらの政党が、自分たちによりよい職場を、よりよい給与を、よりよい年金を与えてくれるか、税の徴収に厳格でないか、ということが大きな関心事となった。ＮＤ（渡邉注＝「新民主主義党」の略語）もＰＡＳＯＫの民衆迎合主義の前例に追従した。九三年、ＥＵが成立する直前には、再びＰＡＳＯＫが政権をと

った。選挙が終わり、政権が変わるたびに、公共部門の規模が拡大していった。（前掲書、二百七十四ページ）

かくしてギリシャは、古代ローマの「パンとサーカス」を彷彿とさせる衆愚の政治に至り、経済破綻の道をひたすら転げ落ちていったのである。

ちなみに、危機の引き金となった財政赤字の過少計上を暴露したヨルゴス・パパンドレウは、ここまで書いてきたパパンドレウの息子で、過少計上を暴露された側のコスタス・カラマンリスは、カラマンリスの甥にあたる。

悲劇というより喜劇にも近いギリシャの大衆迎合政治は、パパンドレウとカラマンリスの二人とその血脈、そして「甘やかして」くれることをひたすら欲したギリシャの「衆愚」が、共同で作り上げたものだと言えよう。

なお、大衆迎合政策を競った二大政党、すなわち〝パパンドレウ党〟のPASOK（全ギリシャ社会主義運動）と〝カラマンリス党〟のND（新民主主義党）は、二〇一一年十一月、経済危機を収束させるため「大連立」政権を作った。

直前まで野党だったNDは、ヨルゴス・パパンドレウ首相の退陣と総選挙実施を条件に政権参画に応じた。増税や年金削減、公務員数カットなどの緊縮策の実施にＮＤも責任を持つ体制が出来たことで、ユーロ圏とＩＭＦが同年七月に決めた第二次支援策を実施する環境が整い、財政破綻の危機はひとまず沈静化した。ところが、甘やかされることに慣れきったギリシャの大衆は、大連立政権にノーの審判をくだした。二〇一二年五月の総選挙でＰＡＳＯＫとＮＤは両党合わせても過半数に届かず、第一党だったＰＡＳＯＫに至っては第三党に転落した。代わって第二党に躍り出たのは、緊縮策反対を公約に掲げる急進左派連合で、同党は大統領の調停を拒否して連立入りを拒み、ギリシャは再選挙せざるを得ない事態に陥った。

この政治の混乱は「緊縮策を葬り去ればユーロ圏からの離脱という事態を招き、ギリシャ経済に壊滅的打撃を与える」という現実をギリシャ国民に再認識させる機会となった。六月十七日の再選挙では、ＮＤが第一党の座を維持し、第三党のＰＡＳＯＫと合わせて過半数を確保、大連立が引き続き政権を担うこととなった。

第三章で触れたとおり、私が民主・自民両党の「中型連立」を唱えるのは、日本が第二のギリシャ化を避けるには政治の安定が絶対必要と考えるからである。ＰＡＳＯＫとＮＤが債務不履行やユーロ圏離脱という最悪の事態が眼前に迫った土壇場で、危機を免れる唯一の方策として大連立の道を選んだことは、民主・自民両党も大いに参考とすべきだ。

ギリシャからは、もう一つ汲み取るべき教訓がある。

政権の座に座る民主党は、議席の大幅減を嫌って衆院解散・総選挙をできるだけ後ろにずらそうとしているようだ。しかし、それは橋下徹大阪市長と大阪維新の会にも選挙準備の時間を十分与えることになる。民主党がＰＡＳＯＫのように一気に第三党に転落して、維新の会やみんなの党といったポピュリスト政党が一大勢力になる可能性を高めることになりはしないか。

ギリシャを反面教師として、日本の政治を安定させるために為すべきことは何かを考える必要がある。

欧州並みに消費税は二十％台に

ギリシャのような経済破綻の危機を招かないため日本はどうしたらよいか、私が考える具体的な処方箋を示そう。

第一に、消費税の増税によってプライマリーバランス（基礎的財政収支）の均衡を図って財政を健全化することだ。

「あらゆる新税は悪税である」と言われるように、新税の導入には反対運動が付き物だが、それでも歴代の自民党内閣は財政健全化のため新税導入に挑んだ。

大平正芳首相は、三木武夫内閣の蔵相時代に自ら赤字国債発行に道を開いた責任を痛感して、一般消費税を導入しようとした。しかし、一九七九年の総選挙で敗北し、導入断念に追い込まれた。中曽根康弘首相は、五％の売上税を導入しようとしたが、これも国民に否定された。竹下登首相が内閣の命と引き換えに一九八九年に導入したのが、当時三％の消費税だった。

けれども、ヨーロッパ各国が二十％前後の付加価値税を課しているとき、日本が三％程度の消費税で財政再建も社会保障支出の確保もできるわけがない。そこで橋本龍太郎内閣は一九九七年に税率を五％に引き上げた。

このときの五％引き上げが日本に不況をもたらしたという説がある。しかし実際は、第三章の「自自連立」の項でも触れたとおり、タイのバーツ危機に端を発したアジア通貨危機から金融収縮の波が日本にも押し寄せ、消費税率引き上げのタイミングと運悪く重なったためであって、消費税のために不況になったと断定するのは誤りだ。

竹下内閣の三%、橋本内閣の五%は、ともに導入後に退陣に追い込まれて国民世論から否定されたように思われている。けれども、もしあのとき三%、五%の消費税を通していなかったら、今日の財政はもっとはるかに惨めなものになっていたのであって、とっくに「第二のギリシャ」になっていただろう。

これから社会保障費が毎年一兆円ずつ増えるという状況の下、野田佳彦内閣が計画するように八%、十%と小刻みに消費税率を引き上げても、とても財政健全化はおぼつかない。

したがって私は、消費税をヨーロッパ並みに二十%に引き上げることを目標にして、その代わりに低所得者層への逆進性が高いと言われないよう軽減税率を導入、生活必需品は現行の税率五%を維持するべきだと考える。

無税国債でタンス預金を掘り出せ

もっとも、消費税率を一気に二十%まで引き上げることには大きな抵抗が予想される。

いまのように政治が迷走している時期は、しばらく実行不可能かもしれない。

そこで私の第二の提案は、消費税率引き上げまでの時限的措置として、相続税を免除する代わりに利子をゼロもしくはマイナスにする国債（以後、「無税国債」と略す）を発行することである。

マイナスの利子（負の利子）とは、たとえば一億円の国債を購入しても、マイナス十％なら満期に九千万円しか償還されない、ということだ。購入者にとって一見不利に見えるが、相続税の税率は最大五十％で、政府はこれを五十五％に引き上げようとしている。したがって相続税を支払う義務があるような富裕層にとっては、十％のマイナス利子でも十分得をすることになる。

無税国債の狙いは、国民の金融資産千五百兆円の中に眠る〝埋蔵金〟を掘り起こすことにある。

日銀の資金循環勘定によると、銀行に預金されていない民間資金、いわゆる「タンス預金」は約三十兆円にのぼる。

話が少し横道にそれるけれども、日銀首脳から聞いた話によると、東日本大震災の被災地で、ある一人の住民が、海水に没した家庭用金庫を日銀の支店に持ち込んだケースがあった。海水に長く浸かるとお札がくっついて剝がせなくなるからで、お札を日銀の職員がピンセットを使って一枚一枚剝がしたところ、その金庫だけで一億四千万円入っていたそうだ。

ほかにも所有者不明の家庭用金庫が多く持ち込まれていて、無理にこじ開けて調べてみると三千万円、四千万円というお札が入っているものがかなりあったという。被災地を例に挙げるのは適切でないかもしれないが、日本には眠れる民間資金がまだまだ大量にあることをうかがわせるエピソードである。

しかも、この全国の家庭に眠るタンス預金のうち約十四兆円は旧札である。ある税理士から聞いたのだが、旧札でそれぞれ三百億円と百四十億円持っている別々の人から「これを新札に交換してくれたら、報酬として一割差し上げる」という話を持ち込まれたことがあるという。もちろん民間金融機関に持ち込めばすぐに新札に交換してくれるはずだが、その際には記名捺印を求められる。それをしないで新札に交換できる方策を探ってくれ、という依頼なのだ。

ありていに言えば、税理士に持ち込まれた旧札は、相続税を免れるために隠匿したまま新札に交換できずにいるものであって、記名捺印すると国税庁から脱税で摘発されるかもしれないと恐れているわけだ。この記名捺印制は金融庁と日銀が、民間金融機関に強制している行政指導によるものだ。現一万円札が発行されたのは二〇〇四年なので、八年経っている。脱税の時効は悪質なケースでも七年だから、脱税処分を心配する必要はないと思うのだが、それほど追徴課税を恐れてタンスの奥深くに眠っている民間資金があるということである。

したがって無税国債は、相続税の非課税に加えて、購入時に限って旧札交換を無記名でよいことにすれば、飛ぶように売れるのではなかろうか。麻生太郎内閣当時の二〇〇九年に設置された「安心社会実現会議」の委員だった私は、会議の席でこの案を提案した。私的な席で麻生さんも「十%の負の利子でも、百兆円ぐらい売れるよ」と太鼓判を押してくれた。

実は無税国債にはモデルがある。フランス第四共和制下の一九五二年、時の首相兼蔵相のアントワーヌ・ピネー（一八九一〜一九九四年）が発行した相続税非課税国債である。フランスは当時、インドシナ戦争で猛烈なインフレが起きて財政が窮乏していたが、時限的に相続税を課税しないピネー国債を出したところ飛ぶように売れ、ただちに財政が健全化して戦費の調達もできた。これをブリタニカ国際大百科事典は「ピネーの奇跡」と書いている。

私の提案する無税国債とピネー国債の違いは金利部分だ。ピネー国債は三・五％の金利をつけ、さらに金の市場価格に連動させた点で私の案よりきわめて甘い。

日本でも、国債費約二十二兆円（二〇一一年度予算）のうち約四十五％の九兆八千億円余は利払い費だ。しかも、近年の実質ゼロ金利で利払い費の増え方が抑えられているためこの程度で済んでいるのであって、高金利だった一九八〇年代後半のバブル期は、国債費に占める利払い費の割合が九十％を超えていた。

私が提案する無利子もしくは負の利子であれば、利払い負担の心配をしなくて済む。このような工夫で、三十兆円のタンス預金が有効活用できれば、それを被災地の復興や新たな経済対策に充当することが可能となる。

相続税の課税対象になるのは一定の資産を残した人に限られるため、「金持ち優遇」という批判が出てくることは十分予想される。しかし、富裕層がしまいこんだ資金を市中に引き出し、それを復興や経済対策に使うのだから、回りまわって日本全体が潤う。そのことを丁寧に説明すれば、必ず国民の理解を得られるはずだ。金持ち優遇批判を恐れて何もせず、タンス預金を塩漬けのままにしておくほうが経済無策であり、大衆迎合的である。

私の無税国債案は、二〇〇九年六月に麻生首相に提出された安心社会実現会議の最終報告書にも、「世代間分配の促進」策の一例として明記され、低所得者対策の給付付き税額控除などとともに、「国民のニーズに届く、実感を伴った給付の実現と一体不可分に、（税制抜本）改革を実行していかなければならない」とされた。

安心社会実現会議に提出した私案（ただしデータは最新のものに更新）を巻末に収録したので、詳しく知りたい方はそちらを一読いただきたい。

社会保障こそ最良の投資だ

私が無税国債を提案した麻生内閣の安心社会実現会議で、私がもっとも刺激を受けたのが、同じ委員だった北海道大学教授、宮本太郎さんによる社会保障政策に関する発言だった。

スウェーデンに長く留学して北欧の福祉政策に詳しい方であるが、宮本さんのお父さんが共産党の宮本顕治・元議長と知ったときは驚いた。終戦直後に共産党に入党した私は、「軍隊的鉄の規律」を要求する体質に疑問を抱いて、明らかに当時の共産党の綱領・政策に逸脱する社会民主主義的「東大新人会」を作ったところ、それが分派活動にあたるということで共産党を除名された。そのときの査問委員会の議長が宮本顕治さんだった。

宮本太郎さんを読売本社に招いて勉強会に出席してもらった際、「あなたのお父さんが除名してくれなかったら、僕はいまここ（読売）にいなかった」と言って一緒に大笑いしたことがあった。

話が横道にそれた。私が宮本さんの話に感銘したのは、「社会保障は経済成長と相容れるものだ」という発想の転換と、それを北欧の実例をまじえて説得力ある説明を行ったからである。

私は月刊「文藝春秋」二〇〇九年八月号で、「『社会保障』こそ最良の投資だ」と題して宮本さんと対談したので、その一部を引用する。

宮本　これまでは、社会保障を厚くしすぎると経済成長の足を引っ張るとか、政府がなんでも社会保障で面倒を見ると、家族をバラバラにしてしまうという議論もあっ

た。つまり、社会保障と経済成長は相容れないもののように思われてきた面がありま
す。

渡邉　実際、新自由主義が跋扈するのと軌を一にして、社会保障はムダという考え方が近年の日本に蔓延していました。小泉内閣の「骨太の方針2006」で、社会保障費の自然増を毎年二千二百億円抑制すると明記したことが、現在の医療・介護の荒廃を作った大きな原因の一つです。例えば、いま特別養護老人ホームの入居待ちが全国で何十万人もいるという。僕はNHKのドキュメンタリー番組で見たんだけど、寝たきりの夫を車椅子の奥さんが介護するという状態が現実にある。こうした老老介護の問題を政府が放置していることに、僕は怒りすら感じました。

医療だけでなく、雇用の問題も同じです。構造改革や規制緩和の一環で労働者派遣法が改正され、非正規雇用者が増大し、派遣切りにあった若者がネットカフェ難民と化している。彼らへの社会保障を整備することを怠ったために、深刻な雇用不安が日本中に広がっています。それなのに、生活保護を受ける母子世帯に支給されていた「母子加算」を打ち切るなど、政府は社会保障費をどんどん抑制し続けている。

宮本　社会保障は、うまく設計されれば、経済を強め、家族を支えます。（「文藝春

秋」二〇〇九年八月号、三百三十～三百三十一ページ）

宮本さんが指摘するとおり、これまで社会保障は、富める者から貧しい者への所得再配分であるという考え方で進められてきた。つまり、マクロ経済でみてマイナス要因であるかのごときとらえ方だ。政府が一九五五年に産業連関表を作ったときも、医療・介護等の社会保障支出は「産業」と認められず、連関表から除外された。以来、政府も国民も社会保障を「費用」だと思い込み、小泉内閣のときのような「社会保障は無駄遣い」という愚かな考え方が広がるようにもなった。

しかし、社会保障をネガティブにとらえる発想からは、とても健全な社会保障システムを構築することはできない。

そこで私の提案の三番目は、社会保障を負担ではなく投資の対象ととらえ直して、旧来のハコ物中心の公共事業投資から、医療・介護充実のための公共投資に転換することを求めたい。

実際、社会保障・人口問題研究所長だった京極高宣氏らの努力で、医療や介護の場合、生産誘発効果あるいは雇用拡大効果を計算すると、その乗数効果は公共事業並みもしくはそれ以上に高いことがわかった。

厚生労働省所管の医療経済研究機構が二〇〇四年にまとめた報告書も示唆に富んだ内容である。

医療、介護、社会福祉の各分野に投資した場合の経済効果を試算したもので、原材料の購入や従業員の給与増などが日本経済全体に需要拡大をもたらし、一億円の投入で、いずれも四億四千万円前後の生産誘発効果が生じるとしている。公共事業の効果（約四億千五百万円）よりも高い数字だ。同様に雇用を誘発する効果も、介護で二十六人、社会福祉では二十人にのぼり、公共事業（十人）より多いという結果が出た。

国民の医療・介護・福祉を守るためにも、日本経済を活性化するためにも、社会保障分野で必要な投資を惜しむべきではない。

ダチョウ式思考から脱せよ

第五章のメディア論でも触れたことだが、経済大国・日本の行く末を占ううえできわめて大事な問題であるので、もう一度触れたい。原子力発電所の問題である。

景気がよくなれば税収が増え、財政の健全化に近づく。そう考えれば、生産活動やサービス活動の基盤を成す電力の安定確保は絶対必要であり、逆に電力不足は日本経済の土台を揺るがしかねない。よって、全発電量の三割を占める原発は、安全が確認されたものから次々に再稼働させるべきであって、これにもたつくようだと日本経済は、電力不安↓企業の海外移転↓雇用喪失と税収減……と、負の連鎖にはまり込んでしまう恐れが高まる。

朝日新聞が「原発ゼロ社会」の社説特集を掲載した二〇一一年七月十三日の夕方、菅直人首相が突然、首相官邸で記者会見を開いて、「脱原発」をめざすと宣言した。

閣内も党内も事前の根回しをまったくしていなかったため、枝野幸男官房長官にすぐさま「菅首相の個人的見解」と水をかけられてしまい、菅氏の統治能力のなさを露呈した記者会見ではあったが、それでも、朝日と菅首相がタッグを組んだかのような脱原発の動きは、このまま手を拱いていれば、日本経済を奈落に突き落とす危険性をはらんでいる。

そもそも福島の事故は、菅氏の現場への介入によって無用の混乱と危険の拡大を招いたのは間違いないところだ。

福島原発事故独立検証委員会（通称・民間事故調、委員長＝北澤宏一・前科学技術振興機構理事長）が二〇一二年二月に公表した報告書は、菅氏が「全然俺のところに情報が来ないじゃないか」と苛立ちを表明するたびに関係省庁が大急ぎで説明資料を作成し、報告に上がると説明を開始してまもなく「事務的な長い説明はもういい」と追い出されるパターンの繰り返しだったと指摘している。

菅氏が官僚に対する不信感から、個人的なツテを頼って外部の有識者に携帯電話をかけ、聞きかじった情報で指示を出す場面もたびたびあったとも記している。

そのうえで報告書は、事故当時の首相官邸の対応を「専門知識・経験を欠いた少数の政治家が中心となり、場当たり的な対応を続けた」と総括し、特に菅氏の行動に対して「政府トップが現場対応に介入することに伴うリスクについては、重い教訓として共有されるべきだ」と結論づけている。

未曽有の原発事故に直面したときに、トップの混乱によって政府が全体像を把握することも、衆知を集めて的確に判断をくだすこともできなかったのだ。人災ならぬ「菅災」と言わずして、ほかにどんな形容のしようがあるだろうか。

菅氏の対応でもう一つ問題だったのは、二〇一一年五月六日夜、やはり記者会見を突然開いて、中部電力浜岡原発（静岡県御前崎市）の全原子炉の運転停止を中部電力に迫ったことだ。

東海地震の震源域内にあることと、津波対策が不十分であることを理由に挙げて、「重大な事故が発生した場合の日本全体の甚大な影響も考慮した」と菅氏は語ったが、福島の事故で批判が強まったために浜岡で指導力を印象づけ、政権浮揚につなげようという意図がうかがえる記者会見だった。

この菅会見で浜岡原発をめぐる迷走が始まった。

浜岡原発はもともと十メートルの津波襲来にも耐えられるよう、高さ十～十五メートルの砂丘堤防に守られた構造となっている。それでも菅氏から「不十分」と言われたため、中部電力は砂丘堤防の後ろに十八メートルの防波壁を新設することになった。その後、南海トラフで巨大地震が起きれば最大二十一メートルの津波が襲う可能性があるという話になったため、中部電力では防波壁を二十一メートルにかさ上げすることを検討している。

私が不思議でならないのは、浜岡原発を巨大津波が襲う事態をそこまで恐れるなら、名古屋市民を津波から守る防潮堤がないことにどうして鈍感でいられるのか、ということだ。

名古屋市は広い範囲で標高ゼロメートルの低地帯があり、内陸部でも標高一メートルの低さという。しかも標高マイナス〇・五メートルという低地も市内に広がっている。そこに十メートルの津波が襲えば、名古屋市民は何万人も罹災し、甚大な被害に見舞われるのは確実だ。そのとき中部圏で一番安全なのは、高さ十五メートルの砂丘に囲まれている浜岡原発である。

そうであるなら、浜岡に新たに二十一メートルの防波壁をつくるよりも先に、名古屋市民を守るための防潮堤の建設を急ぐのが最優先ではないか。ところが、河村たかし名古屋市長は減税を公約に掲げているので、公共事業に回す予算がなく防潮堤は作れない。河村市長がそんな姿勢でも、減税公約の撤回を求める声が市民から上がったとは聞かない。ただひたすら浜岡原発だけを恐れているのである。これはもう正常な思考回路が停止してしまった集団ヒステリー状態である。

福島第一原発の事故は、その後の調査で原因はほぼ究明されている。

炉心溶融と水素爆発を惹き起こした全電源喪失は、地震ではなく津波のせいで起きたことだった。そうであるなら、津波が来ても水没しない高いところに電源を置いたり、移動電源車を常備したり、冷却装置と電源をつなぐ配管を津波でも切断しないような頑丈なものにすれば、津波対策はほぼ万全と言えるだろう。

あるいは、フランスがノルマンディー地方のフラマンヴィルで進めているように、テロや飛行機墜落にも耐えるよう電力、冷却系のシステムを四重にした堅固な原子炉を作ればよい。この原子炉はメルトダウン対策も万全で、水素爆発が起きないよう建屋を福島第一原発の二十倍の広さにしている。

よその国が福島の教訓を着実に安全対策に生かしているのに、肝心の日本では、本当に必要な対策が疎かにされているばかりか、すべての原子力発電所が爆発するかのような恐怖をまき散らし、そのことが正義だと思っている「脱原発」論者が跋扈している。

朝日新聞と菅直人氏のような脱原発論者たちがきわめて非合理なのは、仮に日本が原発をゼロにしても、お隣の中国で原発事故が起きれば日本人の安全はまったく保証されないにもかかわらず、そのことにまったく沈黙していることである。

中国は二〇二〇年ごろまでに九十基を目標に原発を作ろうと計画しており、その多くが黄海から東シナ海の沿岸部に林立すると予想される。中国で原発事故が起きたら、黄砂と同じように偏西風に乗って放射性物質がまず九州地方、次いで日本列島各地に降り注ぐことになる。黄砂は見えるが放射性物質は見えない。日本国民は恐怖心に駆られ、放射性物質の被害以上に心理的パニックで大変な状態に陥るだろう。

そのような事態を避けたいなら、中国の技術力は二〇一一年の中国高速鉄道事故の例をみても非常に心もとないのだから、日本が原発の安全技術を磨いて絶対安全な原子炉を開発し、それを中国に使ってもらうようインフラ輸出あるいは技術供与を進めることがもっとも合理的ではないか。

日本の原発には、日本と同じ地震国のトルコをはじめ、ベトナムやリトアニアからも輸入したいと希望が寄せられている。日本が技術力を高めて安全な原発を各国に輸出することは、世界の安全にも日本の経済成長にも寄与することだ。

にもかかわらず、「脱原発」を唱えていれば日本人の安全が保てるかのごとく錯覚しているのは、まるで「砂漠のダチョウ」である。

ダチョウは、砂漠で外敵と遭遇すると、砂の中に首を突っ込んで外敵が見えないようにする。自分に外敵が見えなければ安全だと思ってしまう。

独仏国境にフランスの原発が林立しているから、フランスの原発には何ら警戒せず、自国の原発を全廃すれば安全と考えるドイツも「砂漠のダチョウ」ではないか。フランスの原発が事故を起こせば、放射性物質はドイツにも飛んで来るのだから。

脱原発論者にみられる砂漠のダチョウ式思考から脱却して、電力の安定確保に向けてまず原発の安全性向上を前提とした再稼働に踏み出し、同時に安全技術の向上やインフラ輸出につなげることができるはずだ。これは、日本が経済三等国に転落しないで済むかどうかの分水嶺である。

野田佳彦首相が本書脱稿直前の二〇一二年六月八日、関西電力大飯原発（福井県大飯郡おおい町）の再稼働を表明したことも、日本の将来を左右する決断という文脈で評価すべきものだ。

野田さんは、福島原発事故のような地震や津波が起きて全電源が失われたとしても、炉心が損傷しないという安全対策が確認されたという事実に加えて、国民生活を守るという経済上の理由を決断の根拠に挙げた。野田さんはこう発言した。

「これまで全体の約三割の電力供給を担ってきた原子力発電を今止めてしまっては、あるいは止めたままであっては、日本の社会は立ちゆきません。数％程度の節電であれば、みんなの努力で何とかできるかもしれません。しかし、関西での十五％もの需給ギャップは昨年の東日本でも体験しなかった水準であり、現実的には極めて厳しいハードルだと思います。仮に計画停電を余儀なくされ、突発的な停電が起これば、命の危険にさらされる人も出ます。仕事が成り立たなくなってしまう人もいます。働く場がなくなってしまう人もいます。（中略）

夏場の短期的な電力需給の問題だけではありません。化石燃料への依存を増やして電力価格が高騰すれば、ぎりぎりの経営を行っている小売店や中小企業、そして家庭にも影響が及びます。空洞化を加速して雇用の場が失われてしまいます。そのため、夏場限定の再稼働では国民の生活は守れません」（二〇一二年六月九日付朝刊「読売新聞」）

まったくこのとおりである。全原発停止が続けば、当面電力は火力発電に依存せねばならず、そのための石油・ＬＮＧ（液化天然ガス）などの追加燃料費は年間三兆円以上になる。もし、イラン問題でホルムズ海峡封鎖にでもなれば、その額はさらに膨れ上がる。野田さんが言うとおり、それは日本の産業、民生全般にわたって大打撃となろう。

野田さんの「反ポピュリズム」的決断により、大飯原発以外の原発も着実に再稼働されれば、少なくとも電力・エネルギー不安を引き金とする経済破局は避けられるに違いない。

「衆愚」の政治と断乎戦う

私は、ギリシャのような経済破綻を回避するために必要な処方箋を具体的に示した。すなわち、消費税率の引き上げ、無税国債の導入、社会保障への投資拡大、原発の再稼働である。

このうち社会保障の投資拡大を除けば、どれも一般大衆受けしない政策ばかりである。消費税増税には「弱い者いじめ」、無税国債には「金持ち優遇」といった批判が巻き起こるだろうし、原発再稼働には、空想的左翼の脱原発論者たちが「危険」と「不安」の連呼をやめないだろう。

しかし、ギリシャ危機が大衆迎合政治を競った結果起きたことをよく思い出してほしい。

橋下徹大阪市長が掲げる「維新」は、スローガンが先行して政策の具体的な中身があやふやなところなど、パパンドレウの「変革」に似てはいないか。戦後日本の復興を牽引した霞ヶ関の官僚たちに対する飽くなきバッシングは、ギリシャの政治家たちが競ったエリート攻撃と「特権なき人々」への追従に重なり合うところはないか。

「衆愚」政治に日本の政治が堕ちていくことだけは、何としても食い止めねばならない。

それこそが、今年で八十六歳の私が老骨に鞭打って本書の筆をとった最大の理由なのである。

付録・「無税国債」私案

（二〇〇九年に麻生内閣に設置された「安心社会実現会議」に提出した文書を基に、データを二〇一二年現在に更新した）

【一】相続税を免除する代わりに、利子をゼロ、もしくはマイナスにする。

【二】国の〝埋蔵金〟は、家計の金融資産約千五百兆円の中にある。

（一）日銀の調査によれば、タンス預金が三十兆円ある。直近では、四十四兆円に上るとの試算もある。（一万円札と千円札の発行数量の差から推計される。また交換されない旧一万札が相当額残っている）年〇・〇二％つまりほとんどゼロ金利の普通預金及び利子ゼロの当座預金、つまり利殖をあてにしない預金が百二十兆円ある。

（二）総合研究開発機構（ＮＩＲＡ）の報告書によると、余剰貯蓄（過剰貯蓄）が百五十兆円乃至百七十九兆円ある。

（三）郵便貯金口座数は、常識的に一億口座以下とみられるが、現実には三億八千万口座

（二〇〇七年九月末）ある。小額残高の口座を考慮しても二億口座以上は課税回避のために眠らせているカネである疑いがある。

（注）「日銀レビュー」によると、一万円札の旧紙幣が、新紙幣に交換されずに残っているものが十四兆円ある。また一九九〇年代前半までは、千円札と一万円札の発行数は、ほぼ平行していたのが、一九九〇年代後半から、一万円札が千円札をはるかに上廻って発行されるようになり、一九九五年には、発行残高が二％だったのが、最近では四十％に増加している。これは、二〇〇二年のペイオフ部分解禁以降、定期預金が、非取引需要（財・サービス等の取引の決済目的で保有されている取引需要でなく、安全保有目的もしくは「タンス預金」のように埋蔵されているもの）に転化され、その習慣が継続しているものと思われる。非取引需要に基づく流動性預金（普通・当座預金等）の残高は百二十兆円ある。

日銀の「資金循環統計二〇一一年十～十二月（速報）」によると、家計の保有する金融資産残高の千四百八十三兆円の内訳は、預金七百八十三兆円、株式・投資信託百二十四兆円、国債・地方債等三十五兆円、保険・年金等四百二十兆円、現金五十六兆円、その他六十五兆円などとなっている。このうち現金・預金は二〇〇八年に七百八十四兆円、二〇〇九年に七百九十一兆円、二〇一〇年に八百六兆円、二〇一一年の八百三十九兆円と増えており、安全資産として現預金を選り好みする傾向が出ている。こうした非取引需要に基づく流動性資金が無利子非課税国債（以下、無税国債と略）に移動する可能性の強さを示す一つの証左となろう。流動性預金の保有高を年齢別シェアでみると、六十歳以上の高齢者が、一九九五年の三十五・五％から、二〇〇五年に五十三・四％、二〇一〇年には五十七・七％と上昇していることも注目すべきである。

また、第一生命経済研究所の熊野英生・首席エコノミストが二〇一一年五月に発表した「無利子国債の活用を考える」と題する報告書によると、相続税の課税を予想する人々の保有する純金融資産残高（資産より負債を除いたもの）すなわち潜在的な購買層の保有資産は三百八十三兆円とされ、これが一応、無税国債の消化余地と計算されている。

【三】以上から見て、家計に埋蔵される眠ったカネが、百五十兆円以上あるとみられるので、これを無税国債で引き上げ、財政資金として、医療介護、雇用対策、環境対策や学校、病院の耐震工事や森林間伐等への補助等に支出し、景気振興に役立てることは可能である。

【四】この非常措置は、三年乃至五年の時限立法により措置する。百五十兆円以上の家計の「埋蔵」金がどれだけ無税国債に転換するかは、発行条件（無利子とするか、負の金利とするか、記名式とするか、流動性を持たせるか等）によって変化するが、とりあえず、百兆円を調達できるものとした場合、三年間で毎年三十兆円余、五年間なら毎年二十兆円を財政資金として活用することができる。但し、「金持ち優遇」との短絡的もしくは煽動的批判に利用されないよう、使途を後述するような事業に限定する。また、会計年度毎に、等分に無税国債を購入するとは思われないので、これによって得た収入は「無税国債特別会計」に入れ、各年度別に、財政上の視点から適正に支出する。

【五】現行相続税収が減収するとの反論があるが、二〇一二年度の相続税収見通しは僅か一兆四千三百億円である。かつ相続税のほぼ半分が不動産であり、四分の一以上が有価証券や土地以外の実物資産等であり、現預金に対する課税額は四千億円内外であろう。また余剰貯蓄の全部が一年間で無税国債購入にあてられるものではない。従って、無税国債を五年間にわたって発行すれば、現預金に対する年間の相続税減収は千億円台の低い方に過ぎないと思われる。

これに対し、毎年二十兆円余の財源が、税や有利子国債によらない財源として、社会福祉・雇用対策・環境対策等に支出することによって得る乗数効果を計算すると、税収増は兆円単位となる。従って、結果的に税収増は相続税収減少分よりはるかに大となり、相続税収

減を補ってはるかに余りあると思われる。（なお、金融資産以外の家計実物資産も一千兆円はある）

（注）二〇〇九年度の相続税収実績は、一兆三千四百九十八億円であるが、課税対象となった相続財産価格は、総額十一兆五百九十二億円である。そのうち土地が五・五兆円、有価証券が一・三兆円であり、現金・預貯金等は二・五兆円に過ぎず、その他一・八兆円となっている。つまり、現金・預貯金に対する課税対象額は、全相続財産価格の二割に過ぎないので、一・三兆円の相続税収の二割は三千億円に満たないことになる。これを三乃至五年間にわたって無税とする税収減は、被課税者の全部が無税国債を購入するわけではないから、国が失う相続税収は年間一千億円前後ではないか。

【六】マネーロンダリングに利用されるとの反論もあるが、例えばタンス預金をいかにして徴税できるか。結果的に徴税出来ないカネや常に存在するアングラマネーを引き出し、景気振興等に利用する方がはるかに国家財政上プラスになる。徴税官僚は、自らの徴税権力をいささかでも放棄させられることを、良く言えば小さな倫理観から、そうでなければ本能的権力意識から、非常に嫌う。懲罰的な徴税よりも、有産者から政策上の誘導策をもって、無税国債を購入させ、これを投資と消費に廻して景気拡大、雇用拡大をはかることは、国民全体のため有益である。

【七】利子を負とすれば、国税庁は無税国債を買った時点で、利子がマイナスであることの不利、もし負でなく無利子としても、長寿者の場合は、長期にわたって得べかりし利子を失うことをもって相続税を徴収したものとみなし、徴税しないことを正当化し得る。ひとつの計算例として、三十年国債の市場金利を二・三三七％と置くと、三十年後の得べかりし価値にくらべ、現在価値は約二分の一になる。無利子国債の逸失利益は額面と同じになる。

無税国債購入者が短命であれば、被相続人に有利だが、一般的に購入者が短命であるか、長命であるかは予測不可能であり、その意味でマクロ的には公平となる。徴税当局の浅薄な倫理観よりも、国民全体の利益を優先させるべきである。

また国家及び世界が、経済的非常事態にあるときは、非常の手段としての政策が必要である。これには、いずれ政権党になると考えている野党も、政権を取った時に既に公約している政策を実行するための財源を考えれば反対する合理的理由はないと思われる。

【八】無税国債の発行についての反論は以下のようなものに総括できる。

（一）金持ち優遇となる。

(二)タンス預金を除き、預貯金については銀行・郵貯等で国債で運用しており、無税国債の発行によりクラウディング・アウトが起きる。また深尾光洋氏は、二〇〇九年二月十日付日経新聞朝刊「経済教室」で「国民は、課税上の甘味剤の価値が、無利子による逸失利益を上回らない限り、無利子国債を保有しない」と述べている。
(三)将来無税国債償還の財源をどうするか。
(四)無税国債に流動性を持たせると、一枚の国債が何回も相続税の脱税に利用される。また、マネロン等、犯罪に利用される。
(五)無利子国債の購入者が少ない場合、札割れとなって、国債全体の信用を低下させる。

これらの反論に対しては、以下のように逆反論できる。

(一)相続税納付者は、死亡者の四%の資産家の相続人に過ぎず、きわめて少数の高額所得者を利するだけだとの反論があるが、今回のような経済危機に際し、有効な景気対策を考えるとき、高額納税者数の多寡は問題ではない。高額所得者の「埋蔵」「退蔵」する資産を引き出して、財政資金として活用することの方が大事なのである。また無利子国債の購入者が少数であろうが、彼らの所有する資産の大部分は、不動産や有価証券であって、これは確実に徴税される。彼らの資産の一部である現預金を無税国債で引き出し直ちに国の財政支出に使うことは、ある程度高額所得者を利することになっても、国民の大部分の中低額所得層に、即刻恩恵を与えることの方が、結果的に国民全体にとって幸福である。高額所得者が、黙って資産を国の財政のために供出することは人間の性としてあり得ないから、無利子非課税という誘導策が必要になるのである。「金持ち」のカネを、この異常な不況時に、低額所得者や貧困層を含めた大部分の国民の利益のために使うことをよく説明すれば、前述の反論は無力となる。

その場合、無税国債によって得られる財政資金の使途を、医療・介護・小中学校の耐震工事、雇用対策、過疎地対策、環境対策等に限定することが必要である。かつて不況対策としての財政出動といえば、公共事業というのが通説であったが、最近の研究では社会保障支出の乗数効果は公共事業以上だとの学説もある。

また、高額所得者は高齢者に偏在しているが、高齢者としても余命は不可測であり、長寿者は、得べかりし利子を失うし、余命が短いか長いかは不可測であるから、余命の短い人は、失う利子が少ないから不公平だという論理は政策論としては成立しない。

さらに生命保険が一年以内の自殺者には保険金を支払わないことを想起すると、無税国債は、購入後一年以内に死亡した場合には、相続税を課税するとの条件をつけるのも合理的である。仮に負の利子をつけるとすれば、購入後三年以内は十%、五年以内は五%、十年以内は三%、十年以上は負の利子でなく、無利子で全額償還とするのも一法である。しかしこの方法は、徴税・納税の両面で手続きが複雑となる難点がある。

（二）現在一般会計歳出中の国債費は約二十二兆円であり、その約半分の十兆円が利払い費であることを考えると、国が有利子国債を無利子国債に借り替えることは、国の利益である。一九八五、一九八七年度には利払い費が一般会計歳出中の国債費の九十六・六%であったことを考えると、国債の利払いは無視できないほど、国の財政の圧迫要因となっている。現在は低金利時代といわれているが、いつ国債が暴落するかは、国際的環境にもよるから不可測であり、そうなれば金利は暴騰するので、国債の利払いは財政上の大きな負担となる。

無税国債の発行は、広く金融機関の保有、運用している国債を吸い上げ、金融機関の資産を減少させ、クラウディング・アウトを起こすとの説もあるが、郵貯、民間金融機関の保有、運用する資金は数百兆円単位のもので、年間二十兆円程度の無税国債が、右のような意味で有害となることはあり得ない。

それよりも、社会保障、公共事業、雇用対策等に財政資金が投入されることによって得られる投資と消費の増加の方が、民間の産業・企業にとって大きな恩恵を与えるので、クラウディング・アウトは起り得ない。

深尾光洋説については、無税国債の想定される購入者の大部分が高齢者であり、相続税最高税率が五十％（政府が二〇一二年通常国会に提出した法案が成立すれば五十五％）という収奪的税率であることを考えると、無利子による逸失利益より、非課税の方が得であると考えるのが通常である。余命が長いか短いかは不可測であって、一般的に高齢者は、心理的に高率の相続課税を恐れているのであって、深尾氏は恐らくこのような心理がまったく理解できないという学者固有の想像力不足になっているのではないか。

（三）将来の償還については、特に「負の利子」とすれば、そのマイナス分によって国の得る利益を国債整理基金に入れた上で、国債の償還財源にあてれば、償還上の問題はかなり解決する。また無利子の負債の場合であっても、百兆円の財政支出によって得られる乗数効果は一を超える。（京極高宣著『社会保障と日本経済』によっても、社会保障費も産業連関効果、需要拡大効果があって通常の公共事業に劣らぬ乗数効果があるとしている）また医療経済研究機構が二〇〇四年十二月にまとめた報告書によると、医療の経済波及効果は、拡大総波及係数が四・二六とされている。これは医療に一兆円を注ぎこむと、他分野で三・二六兆円の生産が誘発されることを意味する。（「読売新聞」二〇〇九年二月十九日付朝刊十三ページ加藤智栄氏の論文参照）

本来無税国債は、景気振興策なのであって、景気が上昇すれば税収は増加し、景気振興達成後は、非課税債発行は廃止して消費税を欧州並みにアップすれば、財政健全化が達成される（この場合、生活必需品は軽減税率にして低額所得者への逆進性を抑制する）。また経済成長率が上昇すれば、多少とも物価は上昇し、無利子国債の残高は減価するので、償還上の問題はほとんどない。

（四）悪用論については、およそ犯罪に類する金融行為は、司直の手で厳正に捜査し、刑罰を加えればよいのであって、合法的な無税国債の購入者を一般論として犯罪疑惑視することは、司法的政治的妥当性を欠く。

次に、相続税回避のため、一枚の国債を何度も利用されることを防ぐためには、非課税相続は一回限りとし、電子化された国債に一回相続済みの記号を入れればよい。

記名式にする方法もあるが、市場消化のためには無記名にして流動性を持たせた方が良策である。一回相続済みの国債は以後非課税の特典がなくなるので、市場価格は下落するであろうが、これは経済の法則上やむを得ない。今回の発行は、短期間（三年乃至五年）の時限立法であり、無税国債の長期にわたる市場価格は合理的に考えるしかないが、元本償還が保証されているので、大きな価格下落は起きないだろう。

（五）無税国債の発行額は当面、百兆円が限度であろうが、専門家の多くは完売を予想する。半分程度しか売れなくても、二、三年間の景気振興は期待できる。はじめから悲観的に考えていては、「非常なときの非常な政策」が何も出来なくなる。一九三〇年代の大恐慌でのルーズヴェルトのニュー・ディール政策も試行錯誤があったが、彼が何もしなかったら、悲劇はもっと深刻化したであろう。国際政治的に見ても、第二次大戦に参戦する国力を失っていたのではないか。

【九】無税国債の発想は、実現はしなかったがまったく新規の構想ではない。過去の検討例を次にあげる。

(一) 一九九七年には旧国鉄債務返済の財源に無利子非課税国債を使う案が自民党の一部で検討された。

(二) 一九九九年には公明党が、中小企業の事業承継を円滑に行うためとして無利子非課税国債の導入を求めた。小渕内閣時代のことで、自自公間で合意をみた。この時は「国債の多様化」という表現を使った。

(三) 二〇〇〇年秋、二〇〇一年度予算編成に関連して、自民党の亀井静香政調会長を中心に一年限りの特別措置として導入が検討されたが、宮沢蔵相らが反対して実現しなかった。

(四) 二〇〇一年十二月には、当時の麻生自民党政調会長が、国有財産の売却代金を財源に「日本再生ファンド」を創設し、売却までのつなぎ財源として、「小泉行革国債（小泉ボンド）」の発行を求める私案をまとめている。この時は相続税を半減または非課税にし、小泉公約三十兆円とは別枠で九兆円の新規国債発行を目指す、とされていた。しかし、小泉首相はこの案に乗らず、実現しなかった。

国債発行は、名誉革命後の英国が元祖で、後に欧州に広がり、日本でも明治期より発行されている。英国では、当初から永久国債（コンソル債）を発行した。この永久国債は、元本は永久に償還しないが、利子は払うというもので、戦時に戦費調達として発行し、平和時に償還しているが、今日でも若干の利払いが続いている。「九十九年物年金国債」などと称されるものもあった。元本を国に投資し、そのかわりに永久に年金を受給する権利を得るものだ。無税無利子国債は、利子と償還の関係を、永久国債と逆転したものである。

相続税非課税国債に反対する財務省（主として主税局）の主張のひとつとして、フランスの「ピネー国債の失敗」が好例とされている。ピネーとはフランスの、首相・蔵相経験者で、立志伝中の人物であり、貯金、倹約のシンボルとされている。経済相、公共事業相を経たのち、一九五二年三月から首相兼蔵相を務め、「その通貨安定政策の成功は『ピネーの奇跡』といわれた」とブリタニカ国際大百科事典に記されている。

「ピネー国債」は、一九五二年と一九五八年に発行された。一九五二年には、インドシナ戦争の戦費増大により、インフレが急速に進行したため、当時首相兼蔵相であったピネーが相続税非課税として発行した。総額は四千二百八十億フランで、一般会計の十二％だった。

それによって、財政収支は改善し、インフレも収束した。さらに一九五六年以降、アルジェリア戦争のため、戦費増大、財政赤字拡大、かつインフレが昂進したため、一九五八年度ドゴール内閣の蔵相に復活していたピネーにより再びピネー国債を発行した。このときは、三千二百五十億フランで、一般会計の六％であった。

この両年にわたるピネー債は、無利子ではなく、利率三・五％で、金市場価格にリンクして変動する金価値保証付き債券で、かつ相続税が非課税であった。

一九五八年のピネー債の例を見ると、購入者は百万人にのぼり、パリ証券取引所の取引の十％をピネー債の売買が占めた。この結果、フランスの財政赤字は一兆乃至一兆二百億フランから、六千九百億フランにまで縮小した。

しかし、フランスの富裕層が、脱税に利用することもあって、一九五九年以後、ピネー債は発行されず、一九七三年になって、相続税の課税対象とする「新ピネー債」に強制借替された。

このことをもって財務省は大失敗というが、私案無税国債は、無利子（もしくは負の利子）

であることが、ピネーの三・五％の金利付き、かつ金価値保証付き債券とは大きく性格が違う。

ピネー債は少なくとも、財政赤字とインフレ昂進という経済危機には、十分その役割を果たしたのであって、わが財務当局が、鬼のクビをとったように、現在考案されている無税国債の反対理由とするのは、著しく合理性を欠いたものである。

【十】相続税は所得再配分上絶対不可欠なものだとする思想があるが、これは国際的に普遍妥当的な思想ではない。相続税のない国として、イタリア、インドネシア、オーストラリア、カナダ、コロンビア、スロバキア、スウェーデン、タイ、中国、ニュージーランド、ポルトガル、オーストリア、ラトビア、リトアニア、ロシア、ベトナム、エストニア、スイス、チェコ、メキシコがある。米国は二〇一〇年に相続税を廃止した。二〇一一年に復活したが、二年間の限定措置で課税最低限五百万ドル、最高税率三十五％とし、二〇〇九年（各三百五十万ドル、四十五％）より減税した。カナダは相続税が非課税なので相続資産が米国よりカナダに移動してしまうため、検討された。カナダでは一九七一年に相続税を廃止した。米国の相続税納税者の割合は〇・七％に過ぎない。この割合は日本四・一％、英国五・六％である。これから見て、財政上、またマクロ経済的にみて相続税は重要ではなく、財政健全化のためには、欧州並に消費税率を上げるのが、最も合理的である。それは早急には不可能であっても、不況克服後には避けて通れない。将来的に相続税が、国の基幹的税になるとは思えない。

中国、カナダ、ロシア、インド、オーストラリア、ニュージーランド、インドネシア等の日本近隣の主要国が、相続税を非課税としているのは注目すべきである。高齢の高額所得者が相続課税を嫌って、将来日本からこれらの国に移住し、老後を迎えることも考えられる。

日本における相続税に対する重課税論議は社会主義者でなければ、「金持ち」に対する嫉妬心の強い人に多い。嫉妬とは人間の最たる劣情であるが、古来ポピュリスト（大衆迎合政治家）は大衆掌握のためこの劣情を煽動しがちである。政策決定にあたりこのような人性の劣情を利用することは結果的に有害となるものだ。高額所得者に対する懲罰的課税は、「金持ち」に対する嫉妬を無視すれば、財政、経済的には大した効果がない。相続税重課による所得再分配による格差是正よりも、無税国債を財源とする社会保障制度の充実、強化によって弱者を救済し、貧窮者をなくす政策の方が格差是正や所得再分配上も有効である。

（本書中の引用文については、適宜読みやすさを考慮して新字・新仮名表記に改め、ルビを補うなどしています。また、筆者自身の著作からの引用に関しては、一部表現を修正しています）

渡邉恒雄　1926(大正15)年東京生まれ。東京大学文学部哲学科卒。1950年読売新聞社入社。ワシントン支局長、政治部長、論説委員長などを経て、読売新聞グループ本社代表取締役会長・主筆。

Ⓢ新潮新書

480

反《はん》ポピュリズム論《ろん》

著　者　渡邉恒雄《わたなべつねお》

2012年7月20日　発行
2012年8月10日　3刷

発行者　佐藤隆信

発行所　株式会社新潮社

〒162-8711　東京都新宿区矢来町71番地
編集部(03)3266-5430　読者係(03)3266-5111
http://www.shinchosha.co.jp

印刷所　二光印刷株式会社
製本所　株式会社植木製本所

ISBN978-4-10-610480-0　C0231